Die Zehn Gebote Gottes
&
Die Bergpredigt des Jesus von Nazareth

Das Ewige Wort,
der Eine Gott, der Freie Geist,
spricht durch Gabriele,
so wie durch alle Gottespropheten –
Abraham, Hiob, Mose, Elia, Jesaja,
Jesus von Nazareth,
der Christus Gottes

Die Zehn Gebote GOTTES

durch Mose, ausgelegt mit den Worten der heutigen Zeit durch die Prophetin und Botschafterin Gottes, Gabriele

Die Bergpredigt

des Jesus von Nazareth, von Christus selbst erklärt, berichtigt und vertieft, offenbart durch die Prophetin und Botschafterin Gottes, Gabriele

5. Auflage Juli 2022

Max-Braun-Str. 2, 97828 Marktheidenfeld
Tel. 0049 (0)9391/504-135, Fax 504133
www.gabriele-verlag.com

Druck: KlarDruck GmbH, Marktheidenfeld

ISBN 978-3-96446-316-6

Inhalt

Die Zehn Gebote GOTTES

durch Mose,
ausgelegt mit den Worten
der heutigen Zeit
durch die Prophetin und
Botschafterin Gottes, Gabriele

Inhalt

Die Zehn Gebote Gottes, ausgelegt mit den Worten der heutigen Zeit

Vorwort

Der Buchstabe wird erst dann lebendig, wenn der Mensch die Gebote zu erfüllen beginnt. Dadurch reift er ganz allmählich in das allumfassende Gesetz der Liebe und des Lebens hinein. Nur wer mit dem Herzen und im Geiste der Liebe die Gebote erfüllt, der wird das allumfassende Gesetz erkennen und so zur Wahrheit finden, die inwendig in der Seele des Menschen ist.

Gott gab den Menschen durch Mose die Zehn Gebote.

Der Geist Gottes ist Freiheit. Der freie, ewige, allgegenwärtige Geist, im Abendland Gott genannt, ist allgegenwärtiges Sein, allgegenwärtiges Leben. Er ist die Kraft des Universums, der Strom in den mächtigen Sonnen und Planeten. Er ist das Leben in der Erde, in jeder Pflanze, in jedem Tier, in jedem Stein und nicht zuletzt in jedem Menschen und in jeder Seele. Der allgegenwärtige Freie Geist, Gott, ist somit die Allkraft in der ganzen Unendlichkeit.

Die Gebote Gottes durch Mose sind wahrlich eine Liebegabe und eine Lebenshilfe des Ewigen für Seine Menschenkinder, Auszüge aus dem allumfassenden ewigen Gesetz der Unendlichkeit. Weil im Geist des ewigen Seins, des ewigen Lebens, alles in allem enthalten ist, so können wir in jedem Gebot wiederum das andere Gebot finden.

Uns Menschen ist die Aufgabe gegeben, im irdischen Leben die Gebote des All-Einen zu erfüllen, sie also zu leben – nicht nur darum zu wissen oder darüber zu lesen. Die Gebote Gottes beinhalten kein Verbot, weil der Freie Geist die Freiheit ist, die besagt: Der Mensch ist frei, Gottes Hinweise anzunehmen und danach zu leben, oder sie zu lassen.

Weil Gott in das Leben des Menschen nicht eingreift, ist dieser für sein Leben, für die Inhalte seines Fühlens, Empfindens, Denkens, Sprechens und Handelns selbst verantwortlich.

Die Gebote Gottes sind Gesetzmäßigkeiten, Auszüge aus dem ewigen Gesetz des Reiches Gottes. Sie helfen dem Menschen, der danach strebt, sie zu erfüllen, höhere Ethik und Moral zu erlangen, wodurch sich der ganze Mensch in seinem Denken, Reden und Tun verfeinert. Wer den Weg der Gebote Gottes geht, veredelt auch seine Sinne und entwickelt höhere Lebensperspektiven; er erkennt, dass die Natur und dass Tiere ebenfalls zur göttlichen Einheit gehören. Gelebte Gottesgebote bewirken Freiheit und Lebensgewinn.

Die Gebote Gottes sind ein Angebot von Gott, dem Freien Geist, an uns Menschen, auf dass wir danach leben, auf dass wir durch den Gewinn an höherer Ethik und Moral verstehen lernen, was Gerechtigkeit, Einheit, Gottes- und Nächstenliebe bedeuten. Aufgrund dieser schrittweisen Erfüllung kommt der Mensch dem Leben näher, das der universale Freie Geist ist: Gott, der All-Geist in allem.

Im Zuge der schrittweisen Erfüllung der Gebote Gottes blickt der Mensch nicht nur tiefer, sondern er erfährt auch in sich, dass der freie, allgegenwärtige Geist auch in ihm selbst ist.

Es sei wiederholt: Das Leben ist Gott, der Freie Geist, der in allen Kulturen weltweit ein und derselbe ist. Der Freie Geist in allen Kulturen weltweit ist die unendliche Vielfalt und Fülle des Seins. Jedes Gebot Gottes ist ein Tor zur Fülle des Lebens, weil Gott, der Freie Geist, das Leben ist. Tauchen wir durch rechtes Denken und Tun in die Tiefen des Lebens ein, in die Wurzel des Seins, dann entdecken wir, dass jedes Gebot eine Vielfalt des Seins enthält und als Kraftquell im anderen Gebot enthalten ist. Mit den Worten „Freier Geist“, den wir im Abendland Gott nennen, ist nicht der von Priestern und Pfarrern präsentierte „Gott“ gemeint.

Jesus von Nazareth war als Mensch Gottes Sohn und ist als Wesen in Gott der Mitregent des Reiches Gottes, der Christus Gottes, der uns als Jesus von Nazareth die Erlösung brachte und den Weg zurück ins Vaterhaus. Als Jesus von Nazareth lehrte Er die Menschen, dass der ewige Vater und Er eins sind, was besagt: ein Geist, eine Liebe, eine Wahrheit, die ewige Wahrheit, das unendliche, ewige Gesetz, das frei macht. Der Christus-Gottes-Geist ist im Vater, und der Vater ist im Christus-Gottes-Geist – ein Geist, ein Leben, eine Wahrheit.

Seit nahezu 50 Jahren offenbart sich der Freie Geist, der Christus-Gottes-Geist, durch Seine Prophetin, Sein Sprachrohr, das auch die Botschafterin der Himmel ist, Gabriele. Der Christus Gottes, der Freie Geist, ist an keine äußere Religion gebunden, weil – so lehrte Jesus von Nazareth, ebenso heute der Christus Gottes – jeder Mensch der Tempel Gottes ist und daher keinen Tempel, keine Kirche aus Stein, benötigt, um Gott, die ewige All-Intelligenz, den ewigen Geist, zu finden, um Ihn anzubeten.

Heute spricht der Christus Gottes in die Neue Zeit hinein.

Gott, der Ewige, ist nicht wandelbar; Er ist Derselbe, gestern, heute und morgen. Das gilt auch für die Zehn Gebote Gottes durch Mose. Der Christus Gottes, der sich in der Jetztzeit offenbart, sprach in das Herz Seiner Prophetin und Botschafterin Gottes, Gabriele, hinein, die mit ihren Worten sinngemäß wiedergab, was für die Neue Zeit von besonderer Bedeutung ist, denn die Götzengötter haben an Vielfältigkeit zugenommen.

Wenn wir an die Zehn Gebote Gottes glauben und wenn wir auch an Jesus, den Christus, glauben, an Seine Lehren und vor allem an die Himmelslehre, die Bergpredigt Jesu, wenn wir uns christlich oder urchristlich nennen oder uns als Nachfolger des Jesus von Nazareth bezeichnen, dann verpflichten wir uns gleichzeitig ganz automatisch, das auch zu erfüllen, wofür wir uns ausgeben.

Eines sei klargestellt: Die Erfüllung dessen, was uns der Ewige in den Zehn Geboten und Jesus von Nazareth in Seinen Lehren und in der Bergpredigt gab, hat nichts mit kirchlich-institutionellen Satzungen und kirchlichen Beschlüssen zu tun.

Das erste Gebot Gottes

Ich Bin der Herr, dein Gott. Du sollst keine anderen Götter neben Mir haben.

Der Gott Abrahams, Isaaks und Jakobs, der Gott durch Mose, durch alle Gottespropheten, ist der Freie Geist, ist das ewige Gesetz, die Liebe und die Nächstenliebe.

Gott, der Freie Geist, ist die Schöpferkraft in allem. Wohin wir Menschen auch gehen, wohin wir schauen – in allem ist der ewig waltende Geist. In jedem Menschen, also in uns, in unserer Seele, ist der Geist der Wahrheit, der Freie Geist. Er berührt uns in jeder Körperzelle und durch unseren Atem.

Alles, was uns umgibt, was wir sehen und nicht schauen, trägt den Geist, Gott, der das Leben ist.

Der Mensch ist im Urgrund seiner Seele göttlich, doch er ist nicht Gott. Das göttliche Wesen ist ewig existierend, weil es von Gott, seinem himmlischen Vater, geschaut und geschaffen wurde. Das reine Wesen wird auch Geistwesen genannt.

Das Wort Gottes, das Gebot durch Mose, lehrt uns: „*Du sollst keine anderen Götter haben neben Mir.*" Was sind die anderen Götter, gleich Götzen, und wie viele zusätzliche Götzengötter hat der Mensch sich in der heutigen Zeit geschaffen, denen viele verfallen sind, die sie anbeten? Es ist das Geld, die hochgezüchtete Technik, die Vergnügungssucht, die Spielsucht, die Machtansprüche, die extremen Wünsche, Begierden und Leidenschaften und vieles mehr. Jegliche Süchte haben die entsprechende Götzengestalt, die heutzutage von vielen Menschen weltweit gleichsam angebetet wird. Menschen beten Menschen an oder verehren sie, von denen sie glauben – oder die ihnen den Glauben vermitteln –, sie wären von Gott berufen, Menschen zu führen und zwangsweise zu belehren, um sie zu binden. Viele Menschen zahlen den Tribut an Götter, an Götzen, auch an sogenannte Hochgestellte, die sich vom Volk verehren lassen.

Das Reich Gottes ist siebendimensional, ebenso das allumfassende, ewige Gesetz, Gott.

Wir Menschen haben die Auszüge aus dem siebendimensionalen, ewigen Gesetz von Gott durch Mose für unsere dreidimensionale Welt empfangen, die Zehn Gebote Gottes. Die gelebten Gebote Gottes könnten uns helfen, das allumfassende Leben aus Gott zu verstehen. Nur durch die schrittweise Erfüllung erlangt der Mensch höhere Ethik und Moral, und nur auf diesem Weg erweitert sich sein Bewusstsein, das tiefer und weiter blickt.

Weil das Reich Gottes siebendimensional ist, sollten wir uns kein Bildnis machen vom Reich Gottes, dem Himmel, noch von dem, was auf, in und über der Erde ist. Nehmen wir die Worte Jesu von Nazareth ernst, der uns sinngemäß lehrte: „*Der Geist Gottes ist in dir, und du bist der Tempel des Heiligen Geistes.*“ Angebetete Bildnisse, z.B. Statuen und Heiligenbilder, prägen sich als dreidimensionale Bilder in unsere Seele ein. Wenn dann die Stunde kommt, in der der Körper, die Hülle der Seele, hinscheidet, dann geht die Seele in die jenseitigen Bereiche ein. In und an ihr haften dann die dreidimensionalen Bilder, die dem siebendimensionalen Leben nicht gleichen. Irgendwann wird die Seele erkennen müssen, dass diese Eingaben, die dreidimensionalen Bilder, die sie als Mensch angebetet hat, nicht dem siebendimensionalen ewigen Leben entsprechen.

Wir Menschen können uns das Reich Gottes nicht vorstellen, auch von den rein-geistigen Welten kein Bild machen, auch nicht von den Geistwesen, die wir Engel nennen, auch nicht von Gott, unserem ewigen Vater, den wir auch den Vater-Mutter-Gott nennen und im Vaterunser anbeten, so auch nicht von Christus, dem Mitregenten des Reiches Gottes. Bilder und Statuen entsprechen lediglich unserer menschlichen Vorstellungswelt. Deshalb sollten wir keine Bildnisse anbeten.

Wir sollten auch nicht den Leichnam Jesu am Kreuz anbeten. Sein Geist ist auferstanden und sitzt als der Sohn Gottes, als der Mitregent des Reiches Gottes, zur Rechten des ewigen Vaters. Der Sohn Gottes, der Mitregent des Reiches Gottes, ist der Erlöser aller Seelen und Menschen. Er ist der Weg, die Wahrheit und das Leben, und Er, Christus, führt uns zum ewigen Vater in das siebendimensionale Ewige Reich. Das Kreuz ohne Korpus als das Symbol Seiner Erlösertat ist wegweisend in das Reich Gottes, des Friedens, der Einheit und der Freiheit.

Wie wir gelesen haben, ist der ewig Freie Geist allgegenwärtiges Leben und somit in jedem Tier, in allen Pflanzen, also in der Natur, im Mineral und in jedem Stein. In jedem Wassertropfen ist das Leben. Alles in allem ist die Einheit, und die Einheit in Gott ist das unvergängliche Leben. Auch wir Menschen sind jeweils nur die Hülle des ewigen Lebens. Tief im Urgrund unserer Seele gehören wir dem Reich Gottes an. So, wie der physische Körper nur die Hülle des wahren Lebens ist, so ist auch jede Lebensform der irdischen Natur, jedes Tier, jede Pflanze, jeder Baum, jeder Strauch, jeder Stein, nur die Hülle des Lebens. Das Leben, die Schöpferkraft, pocht in allen und in allem; es ist der Freie Geist, das ewige Gesetz der Gottes- und Nächstenliebe. In allem, was wir sehen und nicht schauen, wirkt das allumfassende, ewige Leben. Die Materie, das Dreidimensionale, ist die Hülle, ist nur der Abglanz der Schöpfung Gottes, in dem das siebendimensionale Leben pulsiert.

Das zweite Gebot Gottes

Du sollst den Namen Gottes nicht verunehren.

Wodurch verunehren wir Menschen Gottes Namen? Z.B. wenn wir in Seinem Namen fluchen, unehrenhaft schwören oder leichtfertig „lieber Gott, lieber Gott!“ rufen, ohne uns darüber Rechenschaft zu geben, dass wir so den Namen Gottes ausrufen, ohne Ihn zugleich im Sinn zu haben. Oder wenn wir Grußworte verwenden wie „Grüß Gott!“ oder „Gott zum Gruß“, ohne zu beachten, dass wir die absolute Intelligenz in den Mund nehmen.

In so manchen Gesprächen wird das Wort „Oh Gott, oh Gott!" ausgesprochen. Was denken wir Menschen dabei? Meist sind es nur leere Worte, Floskeln. Wie wir heute jedoch wissen, ist alles Energie. Daraus ist zu schließen: Für jedes Wort, das aus unserem Mund kommt, sind wir selbst verantwortlich – nicht Gott. Jeder Mensch, der Gottes Namen verunehrt, missbraucht Seinen Namen und vergeudet damit Energie, wodurch er sich selbst bestraft. Gemäß dem Gesetz Aktion gleich Reaktion sind wir für unser Denken, Reden und Handeln selbst verantwortlich – nicht der Allmächtige.

Von Christus ist uns geboten, unsere Gedanken und Worte zu hinterfragen, in dem Bewusstsein: Was denken und reden wir? Stehen unsere Verhaltensweisen in Einklang mit dem, was wir aussprechen, z.B. „Grüß Gott“ oder „Gott zum Gruß“ oder „Ach Gott, ach Gott!“? Alles ist Energie. So stellt sich die Frage: Bestraft uns Gott, wenn wir gegen unsere eigene Energie verstoßen, denn diese umfasst auch unser Erdenleben? Nein, wir selbst bestrafen uns, wenn wir unsere Lebenskraft, unsere Energie, mindern.

Immer mal wieder hört man: „Gott sei Dank ist mir dieses oder jenes gelungen bzw. nicht passiert!“ Sind wir dann Gott wirklich dankbar, oder ist es nur, leichthin gesprochen, eine Redewendung, eine Floskel? Leider nehmen wir in den seltensten Fällen solche Situationen ernst und zum Anlass, über uns selbst nachzudenken, über unser Verhalten, über unser Leben und nicht zuletzt über die Saat, die wir mit unseren Gedanken und Worten, bewusst oder unbedacht und unbesonnen, in den Acker unserer Seele einbringen.

Wir Menschen sollten uns immer öfter bewusst werden, dass unsere Saat irgendwann aufgeht. Was dann? Wer an Aktion gleich Reaktion glaubt, an Saat und Ernte, an Ursache und Wirkung, dem wird klar, dass der Ewige, den wir im Abendland Gott nennen, nicht straft. Infolgedessen zwingt Er uns auch zu nichts, weil Seine Gebote ausnahmslos heißen „du sollst" und nicht „du musst". Gerade die Gebote sind Angebote, sind orientierungsweisend. Der Mensch ist frei, zu denken, zu reden, zu handeln, wie es ihm beliebt. Weil wir Menschen frei sind, sind wir auch verantwortlich für unsere Werke, für all das, was wir tagtäglich fühlen, empfinden, denken, sprechen und tun.

Wir Menschen sollten unterscheiden zwischen „du musst“ und „wir müssen“.

„Du musst“ ist persönlich, der Person zugedacht und zugesprochen und ist somit gegen die Freiheit aus Gott, in der es heißt: „du sollst“.

Hingegen sind die Worte „wir müssen“ unpersönlich, weil es allgemein gesprochen ist und keinen Menschen persönlich betrifft, außer, es ist ein Befehl. Dann geht dieser in das Persönliche über und macht unfrei. Daraus ergibt sich dann der bindende Beschluss, der heißt: Trenne, binde und herrsche!

Gott, der Ewige, bietet aus Seinem Himmelsgesetz die Gebote durch Mose nur an. In Verbindung mit der Lehre des Jesus von Nazareth, vor allem der Bergpredigt, sind sie der Weg in das Reich Gottes.

Christus ist der Mitregent des Reiches Gottes. Sein Name, Christus, wird auch in so mancher politischen Partei verunehrt, gleich missbraucht. Der Name des allmächtigen Gottes und der Seines Sohnes hat mit Politik nichts zu tun. Man fragt sich: Soll er eventuell nur als Aushängeschild benutzt werden, um Menschen zu blenden? Wer die Reden vieler Menschen, auch in den sogenannten christlichen Parteien, prüfen möchte und letzten Endes auch seine eigenen persönlichen Verhaltensweisen, der lese, was uns Jesus in der Bergpredigt als Unterscheidungsmerkmal empfohlen hat. Er lehrte uns unter anderem: *„An ihren Früchten werdet ihr sie erkennen."*

Wer die Zehn Gebote Gottes achtet und die Lehren des Jesus von Nazareth, der wird auch erkennen und erfassen, inwiefern der Name des Allerhöchsten und der Name des Jesus, des Christus, in sogenannten christlichen Parteien, Gemeinschaften, Kirchen und dergleichen missbraucht wird.

Jeder muss sich für das, was er vorgibt oder dem er anhängt, vor dem Gesetz der Unendlichkeit, vor Gott und vor sich selbst verantworten; das gilt auch, wenn er von einem Unrecht weiß und schweigt und sich überdies noch dieser Vereinigung zugehörig fühlt.

In kirchlichen Institutionen ist vom strafenden Gott die Rede. Gemäß dem Gesetz des freien Willens bestrafen wir uns selbst, wenn wir um die Gebote Gottes wissen und sie ablehnen. Das Gesetz des Unendlichen ist die Gottes- und Nächstenliebe. Es beinhaltet die Freiheit. Wer kirchliche Satzungen befolgt, wo es heißt „du musst", wer an die ewige Strafe, die Verdammnis heißt, glaubt, der hat noch nicht über den Missbrauch der Gebote Gottes und der Lehren des Jesus von Nazareth nachgedacht.

Wir Menschen werden immer wieder vom Ewigen, dem Freien Geist, angehalten, den Sinn der Worte verstehen zu lernen, auch was die Gebote Gottes betrifft. Die menschlichen Worte sind nur Hüllen, ähnlich wie der Mensch selbst nur die Hülle des wahren Lebens, die Hülle seiner Seele, ist. Menschliche Worte sind also Hüllen, einer Schale gleich; die Inhalte sind ausschlaggebend.

Erst wenn wir Menschen bereit sind, die Wahrheit in den Geboten Gottes und in den Worten des Christus Gottes durch ihre Anwendung im täglichen Leben zu finden, dann erleben wir den Freien Geist, der nicht zwingt und nicht bestraft.

Wie oft hören oder lesen wir von Saat und Ernte, von Ursache und Wirkung, von Aktion gleich Reaktion.

Eine alte Volksweisheit wird, wie so vieles, ohne tiefer zu blicken, gelassen ausgesprochen, z.B.: „*Wer nicht hören will, muss fühlen.*“ Wer also auf die Hinweise vom Ewigen nicht hören will, der geht seine eigenen Wege. Für die Stolpersteine, die er selbst auf seinen Weg legt, gewisse Inhalte seines Fühlens, Denkens und Sprechens, kann er nicht andere zur Verantwortung ziehen, und schon gar nicht den Freien Geist, im Abendland Gott genannt. Wenn der Mensch irgendwann über seine selbst gelegten Hindernisse, gleich Stolpersteine, fällt, dann klagt er in den meisten Fällen Gott dafür an. Die alte Volksweisheit wird ebenso wenig beachtet wie das Gesetz „*Was der Mensch sät, wird er ernten*“.

Wer nicht hören will, muss also fühlen.

Wer seine eigenen Eingaben, seine eigenen Stolpersteine, zu fühlen bekommt, dem sollte bewusst sein, dass es die Abkehr von den Geboten und den Lehren des Jesus von Nazareth ist, von den unsäglich vielen Handreichungen und Hilfen des Freien Geistes, Gott. Die Sorgen, die Nöte, das Leid und vieles mehr sind nicht der Wille des Ewigen, sondern der Ausfluss des irrationalen Denkens und Verhaltens des Menschen. Bekommt der Mensch seine eigenen Fußfesseln zu spüren, dann schreibt er es meist nicht sich selbst zu, sondern fragt: „Warum lässt Gott das zu?" Stattdessen sollte er sich vielmehr fragen: „Mensch, warum lässt du es zu, dass dir das widerfährt?"

Eines sollte uns Menschen vor allem bewusst werden: Die Verantwortung in Bezug auf die Inhalte unseres Fühlens, Denkens, Sprechens und Handelns liegt einzig bei uns selbst. Manch einer könnte sagen: „Das hat aber mit Freiheit nichts zu tun. Gott müsste uns doch helfen und beistehen, Gott müsste uns schützen!“ – Der Ewige steht uns sehr wohl bei. Er hilft und schützt uns. Doch wenn wir nicht wollen, wenn wir Seine Hand ausschlagen, indem wir den Geboten Gottes und den Lehren des Jesus von Nazareth den Rücken zuwenden, dann wird es ähnlich sein wie bei einer Familie, wo der Vater zu seiner Tochter, zu seinem Sohn sagt: „Pass auf! Tue das nicht; das hat Konsequenzen.“ Tochter oder Sohn denken unter Umständen:

„Ach, was der Vater sagt – die heutige Zeit ist eine andere; ich halte es so, wie ich es will.“ Trotz der mahnenden Worte des Vaters „Tue das nicht – es hat Konsequenzen“, meint unter Umständen die Tochter, der Sohn: „Wozu denn, was heißt Konsequenzen?“ Eventuell sagen sie trotzig, gar zornig: „Die nehmen wir auf uns!“ Was sagt unter Umständen der Vater? „An meine mahnenden Worte kann ich euch nicht binden. Ihr habt die Freiheit, es zu tun; aber jeder von euch hat nun mal das zu tragen, was sich daraus für ihn ergibt.“

Ähnlich ist es bei Gott, unserem himmlischen Vater. Wenn der Mensch nicht will, obwohl er um die Gebote Gottes durch Mose und um die Lehren des Jesus von Nazareth weiß und meint: „Was soll das? Das interessiert mich nicht; wir haben eine andere Zeit; ich mache, was ich will", dann wird Gott ihn zu nichts zwingen und ihn auch nicht bestrafen, denn der Mensch hat die Freiheit, weil Gott, der Ewige, allen Wesen und Menschen die Freiheit als Erbgut gegeben hat. Der ewige Geist, Gott, und Sein Sohn, Jesus, der Christus, versöhnen, vergeben und stehen bei, dann, wenn wir es wollen, wenn wir auf den einen freien, allgegenwärtigen Geist zugehen und das beachten, was Er uns angeboten hat: die Auszüge aus dem ewigen Gesetz der Gottes- und Nächstenliebe, die Zehn Gebote – und Jesus von Nazareth die Himmelslehre, vor allem die Bergpredigt.

Fragen wir uns: Wovor soll Gott, der Ewige, uns schützen – eventuell vor dem, was wir trotzig, gleich selbstherrlich, verursacht haben? Fragen wir uns: Wenn Gott so handeln würde, wären wir dann von heute auf morgen andere, unserem eigenen Denken und Verhalten gegenüber wachsamere Menschen, die das Ungute ihres Verhaltens, das zu den Misshelligkeiten führte, künftig lassen – oder würden wir mit dem, was uns beliebt, fortfahren?

Das dritte Gebot Gottes

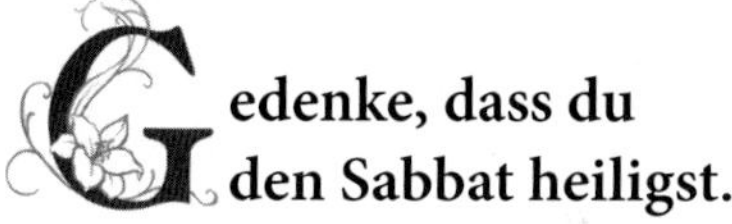

Gedenke, dass du den Sabbat heiligst.

Die Arbeitnehmer von heute müssen sich den Gegebenheiten des jeweiligen Betriebes anpassen, so dass nicht prinzipiell gesagt werden kann, dass der siebte Tag der Tag der Ruhe sein muss. Für Menschen, die z.B. Schichtarbeit leisten, oder Menschen, die in der Gastronomie arbeiten, kann in vielen Fällen der siebte Tag kein Ruhetag sein.

Kein Mensch ist ausgeschlossen von dem ewigen Gesetz, der Gottes- und Nächstenliebe, die die Freiheit beinhaltet. Gleich, an welchem freien Tag, sollten wir Menschen uns einige Minuten der Besinnung einräumen, um über die zurückliegenden Tage nachzudenken. Was war gut, was weniger gut oder gar schlecht? Aus allem können wir einiges herauslesen oder aus Gesprächen einiges heraushören, insbesondere dann, wenn sich unsere Gefühlsebene meldet, sowohl im positiven als auch im gegensätzlichen Sinne. Es ist hilfreich, dann, wenn wir ein sogenanntes mulmiges Gefühl haben, das Wörtchen „warum" anzuwenden, das wir an uns selbst richten.

Das Wörtchen „warum" kann vieles aufschlüsseln, was wir unter Umständen im Laufe der zurückliegenden Stunden oder Tage vergessen oder gar verdrängt haben. Auch könnten wir uns besinnen, dass in uns eine mächtige positive Kraft wirkt, die wir Menschen im Abendland Gott nennen und die uns beistehen möchte.

Sollten Gedanken Sie bestimmen wollen, eventuell eine Kapelle oder eine Kirche aufzusuchen, um dort zu beten, dann lesen Sie, was Jesus von Nazareth uns Menschen lehrte. Er lehrte uns zum einen, dass jeder Mensch der Tempel Gottes ist und Gott in des Menschen Seele wohnt. Zum anderen lehrte Er uns in Bezug auf das Gebet Folgendes: *„Wenn du aber betest, so gehe in deine Kammer, und wenn du die Türe geschlossen hast, bete zu deinem himmlischen Vater, der im Verborgenen ist; und der verborgene Eine, der ins Verborgene sieht, wird es dir öffentlich anerkennen."*

Sie, wir, alle Menschen sind frei, so zu beten, so zu denken und zu handeln, wie es dem Einzelnen von uns beliebt. Eines jedoch sollten wir nicht leichtfertig außer Acht lassen: dass wir selbst verantwortlich sind für unser Tun und Lassen, für unser gesamtes Verhalten.

Das vierte Gebot Gottes:

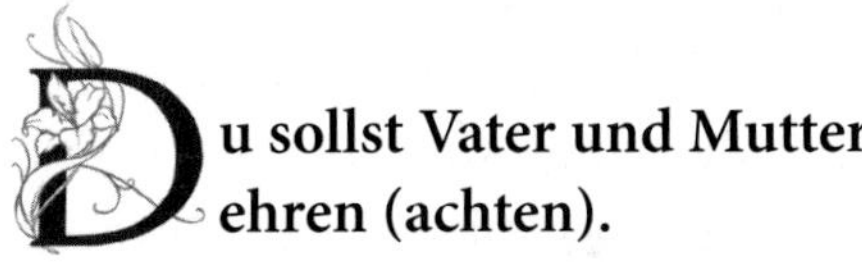

Du sollst Vater und Mutter ehren (achten).

Menschen der heutigen Zeit geben sich vielfach selbst die Ehre. Und Menschen ehren Menschen. Z.B. werden Menschen geehrt, die in die Gesellschaft beachtliche Forschungsergebnisse einbringen oder die von Positionierten in Regierung und Staat in höhere gesellschaftliche Ränge erhoben werden.

In unserer Zeit werden z.B. Spitzensportler, Schauspieler und andere Künstler sowie Menschen, die ihren Luxus und Reichtum zur Schau stellen, bewundert und geehrt. Auch sollen die Kinder

Vater und Mutter ehren. Wir sollen also Menschen die Ehre erweisen.

Wir Menschen sind vor Gottes Angesicht alle gleich, Brüder und Schwestern, Kinder eines Vaters, der im Himmel ist, so, wie es uns Jesus von Nazareth lehrte, der z.B. wie folgt zu den Menschen sprach, die das Volk im Namen des Ewigen lehrten:

„Ihr aber sollt euch nicht Rabbi nennen lassen; denn nur einer ist euer Meister, ihr alle aber seid Brüder. Auch sollt ihr niemand auf Erden euren Vater nennen; denn nur einer ist euer Vater, der im Himmel. ... Der Größte von euch soll euer Diener sein. Denn wer sich selbst erhöht, wird erniedrigt, und wer sich selbst erniedrigt, wird erhöht werden."

Einerlei, welche Titel der Mensch erwirbt und mit welchen Würden er sich schmückt – er ist vor Gottes Angesicht dem Nächsten gleich, ohne Titel und Würden; das gilt auch den Menschen, deren Kind, deren Erdensohn und -tochter wir sind. Das Gotteswort ist das ewige Gesetz, ist das wahre Leben. Es lautet unter anderem: „*Einer trage des anderen Last*", was besagt: Einer helfe dem anderen.

Sich selbst als ehrenhaft geben oder sich von anderen ehren lassen, ist im all-ewigen, universalen Gesetz der Gleichheit, Freiheit und Einheit nicht vorgesehen. Die Gottes- und Nächstenliebe beinhaltet die Achtung vor dem Nächsten, dass wir Menschen uns also gegenseitig achten sollen und Gott, den allgegenwärtigen Geist, der das Leben in allen und in allem ist, Ehre erweisen, indem wir auch Seine Schöpfung achten, zu der Menschen, Tiere, Natur, die Mutter Erde gehören. Nur wer das Leben achtet, der ehrt Gott. Wer das Leben zerstört, der missachtet Gott.

Das fünfte Gebot Gottes

Du sollst nicht töten.

Gerade das fünfte Gebot ist weit gefächert, denn kirchlich institutionelle Kreise haben das Töten umgewandelt in das Wort „morden". Nach der heutigen Aussage darf man z.B. im Krieg töten; vorsätzliches Töten hingegen ist Mord. Nehmen wir das Wort „Krieg" gemäß der Aussage des Jesus von Nazareth unter die Lupe, dann lesen wir, was Jesus uns lehrte, z.B.: *„Wer zum Schwert greift, wird durch das Schwert umkommen."*

Jesus von Nazareth war durch und durch Pazifist. Er lehrte die Friedfertigkeit. Jesus von Nazareth war ein Mensch des Friedens und der Himmelsfürst des Friedens. Wer das Wort „töten“ zu „morden“ umgewandelt und somit in seiner Bedeutung abgeschwächt hat, ist letztlich für den Krieg und gegen die Lehre des Jesus von Nazareth.

Vor Gottes Angesicht, vor dem himmlischen Vater, den uns Jesus nahebrachte, sind wir alle Brüder und Schwestern, die von Gott, ihrem himmlischen Vater, das Leben, das ewige Leben empfangen haben. Wir Menschen atmen, weil in unserem Atem das Leben strömt, das die allmächtige Kraft ist. Wer hat das Recht, oder wer nimmt sich das Recht heraus, seinem Bruder, seiner Schwester den Atem zu nehmen?

Jesus von Nazareth lehrte uns, dass wir Menschen nicht das Recht haben, einen Menschen zu töten. Das gilt auch für das mutwillige Töten eines Tieres und einer Pflanze im Saft. Uns Menschen ist geboten, die Erde mit allem, was auf ihr, in ihr und über ihr ist, zu achten, zu lieben und zu schätzen, denn in allem ist das Leben, und das ist der allwaltende, freie Geist, der einzig das Leben ist in allen und in allem.

Gerade die heutige Menschheit ist von der ewigen Wahrheit, die wir im Abendland Gott nennen, weit entfernt. Leider denken sehr wenige darüber nach, dass Er der mächtige Geist der Unendlichkeit ist, der Schöpfer, dessen Lebenskraft in allem waltet. Ob es die Universen sind, die mächtigen Sonnen und Planeten oder das kleinste Tierlein auf der Erde – alles trägt das Leben vom ewigen Geist, dem Schöpfer allen Seins. Wer hat also das Recht, in das Leben, das ewig ist, einzugreifen? Wer hat das Leben gegeben? Wessen Eigentum ist das Leben? Der Mensch, das Tier, die gesamte Natur hat das Recht zu leben, und zwar so lange, bis das irdische Dasein ausfließt. Jeder Mensch, die gesamten Naturreiche haben also das Recht, als grobstoffliches Dasein so lange zu sein, bis ihre Zeit gekommen ist, in der sie als geistige Lebensform zurückgehen in den Schoß des ewigen Lebens.

Der heutige Mensch lässt das Gesetz von Saat und Ernte – was der Mensch sät, das wird er ernten – meist außer

Acht. Blicken wir tiefer in unsere Welt der Arroganz und Ausbeutung von Mensch und Natur, dann erleben wir, dass die ungute Saat nicht erst reift, sondern schon aufgeht, also zur Wirkung kommt. Doch wen kümmert das? Der eine mehr, der andere weniger denkt: „Ich bin mir selbst der Nächste. Ich bin nicht gemeint.“ Doch Sie, wir alle sind gemeint, denn wir tragen das Leben und tragen auch unsere Freiheit, wodurch das Fallgesetz entstand, das lautet: Was der Mensch sät, das wird er ernten.

Wer also bewusst tötet, einerlei, ob es im Krieg ist oder als Landwirt oder als Forstmann oder Jäger – keiner hat das Recht, mutwillig zu töten. Wer mutwillig, also willentlich, tötet, ist gegen das Gesetz des Lebens und somit gegen den

Schöpfergott. Der Endpunkt für jeden heißt: Was du säst, wirst du irgendwann ernten, denn die Seele jedes Menschen lebt ewig. Einst geht die Seele in die jenseitigen Reiche und hat das zu tragen, was der Mensch gesät hat.

Das sechste Gebot Gottes

u sollst nicht ehebrechen.

Ehebrechen ist Treue-, gleich Vertrauensbruch. Ehen werden meist aufgrund von gegenseitigem Vertrauen geschlossen. Ob die Ehefrau oder der Ehemann das Vertrauen aufkündigt, indem er eine andere Frau bzw. sie einen anderen Mann körperlich bevorzugt, dieser Mensch hat das Versprechen gegenseitiger Treue gebrochen.

Die heutige Zeit scheint nicht nur schnelllebiger zu sein, auch in Bezug auf Treue wird diesem Schein Rechnung getragen, in der Vorstellung, man müsse das Leben genießen. Auch was Ehe und Partnerschaft anbelangt, steht die schnelllebige Zeit Pate, denn heute verspricht man sich die Treue – morgen sieht es schon ganz anders aus.

Auch in vielen Konzernen und Betrieben ist es ähnlich. Man schließt einen Arbeitsvertrag, in dem inhaltlich das Vertrauen zum Betrieb vermerkt ist. Doch wenn es um Eigenprofit geht, wenn eventuell darüber hinaus betriebliche Machenschaften und Manipulationen im Spiel sind, dann ist der Arbeitsvertrag oftmals nur noch Makulatur.

Wohin man auch blickt, die heutige Zeit, die heutige Welt ist zum Opferkult geworden. In vielen Fällen opfert man die Ehe und die Partnerschaft für eine kurzlebige Freundschaft. Ob Frau mit

Kind oder auch ohne, es spielt keine Rolle – die scheinbar schnelllebige Zeit verlangt ihren Tribut. Ob Ehebruch, gleich Treuebruch, gleich Vertrauensbruch – es spielt kaum mehr eine Rolle; man opfert den Nächsten, man opfert eine vertragliche Unterzeichnung. Die Formen des Opferkultes sind mannigfaltig. Das Leben heute kann mit einem Würfelspiel verglichen werden. Heute ist die Nummer eins die oder der Vertrauenswürdige – morgen ist eventuell schon Nummer drei, fünf oder gar Nummer sechs der Vertraute oder die Wünschenswerte.

Und so meint manch einer: „Was will man da noch mit den Geboten Gottes, die vor einigen Tausend Jahren sogenannten Steinzeitmenschen zugeordnet wurden?" Hand aufs Herz: Wird nicht so und ähnlich von vielen Schnellzeitjüngern gedacht, die der Ansicht sind, heute müsse gelebt werden, und sei es auf Kosten anderer, auch auf Kosten von Leid und Schmerz derer, die zurückgelassen wurden und zu tragen haben?

Mögen wir Menschen auch noch so viele Abartigkeiten für gang und gäbe halten und uns deswegen nicht einmal schämen – Gott, der Ewige, ist unwandelbar. Er ist der Gleiche, gestern, heute und wird es auch morgen sein. Sein ewiges, kosmisches Gesetz ist absolut; es ist Gegenwart. Wenn es im sechsten Gebot Gottes heißt: „*Du sollst nicht ehebrechen*", dann heißt das unter anderem: „Du sollst dein Versprechen halten", was ehrhafte Treue, gleich ehrhaftes Vertrauen anbelangt, ob in der Ehe, in der Partnerschaft, in Konzernen, in Betrieben und dergleichen. So, wie der Mensch von gestern in der sogenannten Steinzeit sein Denken und Reden, sein ganzes Verhalten an den Geboten Gottes messen sollte, das Gleiche gilt heute in der sogenannten technisierten Zeit, die der Mensch als Zeit des Aufgeklärtseins bezeichnet.

Ehe, Partnerschaft und vertragliches Versprechen sollten auch heute von Ehrlichkeit, Offenheit, Treue, Geradlinigkeit und Vertrauen getragen sein. Wer die Gebote Gottes und seit zweitausend Jahren die Lehren des Jesus von Nazareth, des Christus Gottes, ernst nimmt und Schritt für Schritt erfüllt, der erlangt

Weitblick und Einblick und kann wägen, wen er z.B. als Mensch vor sich hat, und wem er sein Vertrauen schenken kann. Es heißt also im sechsten Gebot *„Du sollst nicht ehebrechen"*.

Bruch bleibt Bruch. Was repariert ist, ist nicht mehr ganz. Deshalb prüfe man als erstes sich selbst, bevor man Unrecht tut, also etwas in die Brüche gehen lässt. Das heißt: Wir sollten erst überlegen, bevor wir etwas zerschlagen, denn das Kitten des Gebrochenen kostet oftmals viel mehr Zeit, und gekittet ist nun mal gekittet – es wird nichts Ganzes mehr daraus. So manches, das in die Brüche ging, findet unter Umständen in dem Gesetz von Saat und Ernte, *„Was du säst, wirst du ernten"*, seinen gerechten Widerhall.

Das siebte Gebot Gottes

u sollst nicht stehlen.

Das Wort „stehlen" könnte man in zwei Kategorien einteilen. Die erste Kategorie könnte Diebstahl heißen, die zweite Kategorie Stehlen. Wie schnell sagt man: „Aber, aber, ich stehle doch nicht!" Können wir Menschen das so ohne weiteres behaupten, wenn wir doch wissen, dass alles Energie ist und auch unsere Zeit ein Energiefaktor ist?

Wer ist ein Dieb? Z.B. könnten wir den Menschen als Dieb bezeichnen, der Geld und Sachwerte entwendet. Ein anderer könnte als der Dieb bezeichnet werden, der seinen Mitmenschen die Zeit stiehlt, der z.B. lange, unnütze Gespräche mit viel Wenn und Aber führt und nicht auf den Punkt kommt; oder er ergeht sich im sogenannten „small talk“ und findet kein Ende; oder wenn einer vom anderen etwas verlangt, was er selbst hätte tun können; oder wenn der eine mit dem anderen streitet, weil jeder recht haben will und keiner dem anderen sein Quäntchen der sachlichen Richtigkeit zugestehen will.

Die Zeit-, gleich Energievergeudung trifft in vielen Situationen zu, in vielfältigen Variationen, die hier nicht alle aufgezählt werden können. Das und vieles mehr ist der Raubbau an Energie, wobei der eine dem anderen mehr oder weniger Energie stiehlt. Jeder von uns könnte sicher eine ganze Skala von Beispielen einbringen, wenn es darum geht, was dem Diebstahl oder dem Stehlen gleichkommt.

Doch es geht nicht um weitere Erkenntnisse, welche Formen von Stehlen es gibt, sondern es geht um jeden von uns persönlich, in der Frage: Wann verstoße ich, wann verstoßen wir gegen das Gebot „*Du sollst nicht stehlen*“?

Das achte Gebot Gottes

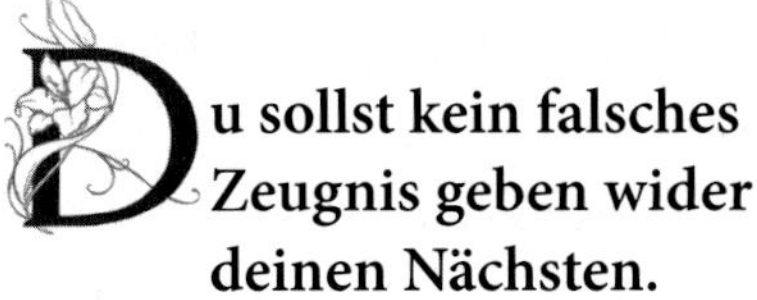

Du sollst kein falsches Zeugnis geben wider deinen Nächsten.

Falsches Zeugnis geben besagt, über einen anderen Unwahres reden, vor der Gerichtsbarkeit Unwahres von sich behaupten und über andere falsche Aussagen machen. Seinen Mitmenschen zu Munde reden, ihnen zu schmeicheln, sie in ihrem Verhalten zu bestätigen, aber auch über sie anders zu denken, als wir reden, ist ebenfalls Falschheit und verstößt gegen das achte Gebot.

Die Behauptung, dass unsere Meinung die Wahrheit sei, ist auch dieser

Kategorie zuzuordnen. Eine Meinung besagt immer, dass wir es nicht genau wissen. Unsere Meinung, die wir als Wahrheit ansehen, ist meist ein Denkvorgang unsererseits, ein Denkschema, etwas, das wir uns ausgedacht haben und das für uns logisch erscheint. Das deklarieren wir dann als unsere Meinung. Da aber eine Meinung von Nicht-Wissen Zeugnis gibt, kann sie unwahr sein. Das kann als falsches Zeugnis gewertet werden.

Falsches Zeugnis geben könnten auch unwahre Gerüchte sein, die wir verbreiten, um einen gewissen Zweck damit zu erreichen. Mit Gerüchten kann man andere beschuldigen. Auch das verstößt gegen das achte Gebot.

Wir sollten also nicht falsch Zeugnis über unsere Mitmenschen abgeben, sondern öfter über uns selbst nachdenken, ob wir uns unter Kontrolle haben bezüglich unserer Gedanken und Worte, denn was von uns ausgeht, ist Energie und kommt irgendwann wieder auf uns zurück – ob wir Wahres aussprachen oder aussprechen oder Unwahres. Wer nach moralischen Werten verlangt, sollte sich vor Gesprächen selbst die Frage stellen: Ist das, was ich sagen will, wahrhaftig? Oder wäre es falsches Zeugnis wider meinen Nächsten?

Wenn wir uns die Mühe machen, über das achte Gebot nachzudenken, über das Falsch-Zeugnis-Geben und dass alles Energie ist, auch unsere Gedanken, dann müsste uns Menschen bewusst werden, dass wir, jeder Einzelne, für alles, was von uns ausgeht, ob es Gedankenenergie, Wort- oder Tatenergie ist, der Garant sind. Können wir garantieren, dass das, was wir sagen, der Wahrheit entspricht? Deshalb sollten wir der Kontrollmechanismus über uns selbst, die Waage, sein.

Wir sollten uns mehr und mehr klar werden, dass alles Energie ist und jede Energie, die von uns ausgeht, ob positiv oder negativ, wieder auf uns zurückkommt. Bewusst falsches Zeugnis geben, kann man als lügen bezeichnen.

Das neunte Gebot Gottes

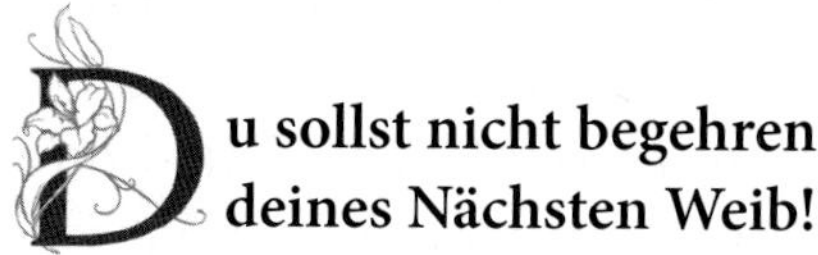

Du sollst nicht begehren deines Nächsten Weib!

Das Wort „begehren“ beinhaltet die Begierde, das Besitzenwollen, den Wunsch, das, was ich begehre, zu nehmen, um es als mein Eigentum zu betrachten. Das „Mein“ und das „Mir“, das Sich-zu-eigen-machen-Wollen, lässt sich mit dem einen Wort „begehren“ aufschlüsseln. Wenn wir unser Begehren wahr machen, dann ist im Sinne des neunten Gebotes das Weib, also die Frau, das Eigentum dessen, der sie durch die Begierde erworben hat. Im übertragenen Sinn kann dann gesagt werden: Sie, die

Frau, ist zur Sklavin dessen geworden, der sie willentlich und wissentlich begehrt hat.

Das Gleiche kann auf den Mann übertragen werden oder gar auf ein Kind, das z.B. für körperliche Zwecke begehrt, gleich missbraucht, wird. Wenn ein Mann eine Frau begehrt oder eine Frau einen Mann oder gar ein Mann ein Kind, dann stellt sich automatisch die Frage: Für welchen Zweck? Wie schon gesagt, ist die Begierde meist körperbezogen, wodurch vielfache Abhängigkeit entsteht, also modernes Sklaventum. Ist die „Sklavin“ oder der „Sklave“ – bis hin zum zwanghaften Kindsmissbrauch – ausgekostet und somit nicht mehr von Interesse, dann macht sich im Fallengelassenen vielfach die Bitternis, die Leere, das Weggeworfen- und Ausgenütztsein breit. Das Kind, das seiner Unschuld beraubt wurde, bleibt oftmals leer, körperlich und psychisch ausgebrannt, zurück. Aus diesem Geschehen entsteht vielfach Hass und eventuell sogar der Wunsch nach Rache.

Und wer ein Kind begehrt und missbraucht, für den wäre es besser, er wäre nicht geboren. Drastisch sagte dazu Jesus: „*Wer einen von diesen Kleinen, die an Mich glauben, zum Bösen verführt, für den wäre es besser, wenn er mit einem Mühlstein um den Hals im tiefen Meer versenkt würde.*"

Das Wort „begehren" hat weitere Aspekte wie z.B. hinterhältiges Abwerben von sogenannten guten Fachkräften aus Konzernen und Betrieben, um ihr „Know-how“ dort einzubringen oder um Betriebsgeheimnisse auszuspionieren, wobei beides um Ansehen und Geld geht. Auch das kann man im übertragenen Sinn als Sklavenhandel bezeichnen. Es könnten noch viele, ja unzählige Beispiele angeführt werden. Eines jedoch sei festgestellt: dass die Begierde ganz unterschiedliche Facetten hat.

Auf jeden Fall sei gesagt: Wer käuflich ist und auf das Begehren, gleich die Begierde, hereinfällt, wird zum modernen Sklaven, der sich seinem Käufer ausliefert und dadurch unfrei ist und bleibt, bis er sich darauf besinnt, was eigentlich der erste Schritt zur Freiheit wäre. Er hieße: Bleibe dir selbst treu!

Der zweite Schritt könnte heißen: Achte auf die Fangseile, die ausgelegt werden.

Der dritte Schritt hieße: Lass dich nicht abwerben – bewirb dich selbst, indem du dir eine gute, spezielle Fachausbildung aneignest, die dir Freude bereitet und mit der du deinen Lohn verdienst, denn jeder gute Arbeiter ist seines Lohnes wert. Der vierte Schritt könnte heißen: Achte auf Schmeicheleien, die dem Begehren und der Begierde vorausgehen. Frage dich: Was ist, wenn der Zug der Begierde abgefahren ist – wer bist du dann? Eventuell ein ausgebrannter Waggon, der nicht so recht weiß, auf welchem Rangiergleis er steht ...

Das zehnte Gebot Gottes

Du sollst nicht begehren deines Nächsten Hab und Gut.

Das zehnte Gebot Gottes durch Mose lässt uns tiefer blicken, dann, wenn wir unsere Erde betrachten, die Gott allen Menschen gegeben hat, auf dass sie Seine Menschenkinder ernähre.

Was hat der Mensch aus dem Planeten Erde gemacht? Letzten Endes eine Parzelleninsel. Wer Geld und Güter ererbt oder erworben hat, der besitzt ein entsprechend großes Landstück, eine große Parzelle, die er sein Eigentum nennt. Ein anderer besitzt nur ein kleines Stückchen von diesem großen, aufgeteilten Parzellenkuchen Erde. Wieder ein anderer hat kein Parzelleneigentum; er ist Arbeiter, der sein Brot und das seiner Familie verdient. Von diesem Verdienst leben er, seine Frau und Kinder so recht und schlecht.

Der Parzellengroßbesitzer, der Großkapitalist, lässt auf seinem Parzelleneigentum, seiner Parzelleninsel, die Arbeiten von sogenannten Arbeitern und Angestellten verrichten. Er selbst lebt vorzüglich und genießt – letzten Endes durch die Arbeit anderer – das „mein" und „mir", das sein Leben ist. Er braucht nicht wie der Arbeiter, der Angestellte, sein täglich Brot zu verdienen; die anderen tun es für ihn. Die Arbeiter, die Angestellten bekommen ihren Lohn und der Besitzer daraus sein Kapital, das er entsprechend anlegt, um dadurch sein „Eigentum" zu vermehren.

Dass diese immer größer werdende Ungleichheit zu Neid, Hass, Begehrlichkeiten und dergleichen führen kann, ist nicht von der Hand zu weisen, wenn man bedenkt, dass in unserer Zeit die Reichen immer reicher werden und die Armen immer ärmer.

Um wieviel deutlicher klingt heute das zehnte Gebot Gottes an unser Ohr. Schon Jesus von Nazareth sagte: *„Eher geht ein Kamel durch ein Nadelöhr, als dass ein Reicher in das Reich Gottes gelangt."* Diese Aussage kann auf die Parzellierung des Erdplaneten bezogen werden. Die Jesusworte kümmern die Reichen noch weniger als früher, da noch mehr Herz auf dem persönlichen Prüfstand gewogen und die Werke der Nächstenliebe gemessen wurden. Heute ist sich jeder selbst der Nächste.

Doch was gestern zählte, zählt auch heute. Keiner kann sein Geld und seine Güter ins Jenseits mitnehmen. So, wie der Reiche früher, so ist es auch heute. Keiner kann durchs sogenannte Nadelöhr kommen, weil das Himmelreich für den Reichen noch weit entfernt ist. Wo wird dann seine arme Seele sein, wenn der Reichtum nicht mehr zählt? Das Gesetz von Saat und Ernte wird den Ausgleich schaffen. Deshalb ist es nicht lohnend, des Nächsten Hab und Gut zu begehren. Auf jeden Fall: Die Erde ist Gottes Planet und nicht das Werk menschlicher Ichsüchte!

Wer die Zehn Gebote Gottes durch Mose sinnbewusst erfasst, der erkennt: Ohne das gelebte Wort Gottes irrt der Mensch tagtäglich umher; er weiß nicht, wer er ist und warum er im Zeitlichen als Mensch lebt.

Die Bergpredigt

des Jesus von Nazareth,
von Christus selbst erklärt,
berichtigt und vertieft,
offenbart durch die Prophetin
und Botschafterin Gottes,
Gabriele

Inhalt

Einführung

Jesus von Nazareth schenkte der Menschheit vor nahezu zweitausend Jahren die Bergpredigt. Wesentliche Teile Seiner Lehre sind auch heute noch in der Bibel zu finden (Matth. 5-7).

Die Bergpredigt enthält die Essenz der Lehre Jesu – Kernaussagen für ein Leben nach den Gesetzen Gottes, Hinweise für den Umgang mit unseren Mitmenschen, mit den Tieren, mit der Natur. Wer diese Lehren in seinem täglichen Leben in die Tat umsetzt, wird sehr bald verspüren, dass sich sein Leben ändert, dass es friedvoll und positiv wird.

Kirchenführer und Politiker gerade der sogenannten christlichen Welt behaupten dagegen, diese Lehre sei eine Utopie und nicht in die Tat umsetzbar.

War Jesus von Nazareth somit ein Utopist?

Oder war Er der Realist, der uns Menschen den Weg aus dem Irrgarten des menschlichen Ichs weisen konnte?

Christus, der Sohn Gottes, ging als Jesus von Nazareth über diese Erde. Sein Erlösergeist lebt und wirkt seit dem „Vollbracht“ auf Golgatha in jedem Einzelnen von uns. Er sprach in den vergangenen zweitausend Jahren immer wieder durch Prophetenmund. Heute, in dieser mächtigen Zeit des Umbruchs, offenbart Er sich erneut über Seine Prophetin. Er erläutert und vertieft Seine Lehren, die Er den Menschen als Jesus von Nazareth gab. Das geschieht auch in Seinem großen Offenbarungswerk „Das ist Mein Wort. Alpha und Omega. Das Evangelium Jesu. Die Christus-Offenbarung, welche inzwischen die wahren Christen in aller Welt kennen".

Das vorliegende Buch enthält einen Auszug aus diesem epochalen Werk, das weit über den Inhalt der Bibel hinausgeht. Es gibt uns eine gewaltige Gesamtschau von dem, was war, von dem, was ist, und von dem, was sein wird. Christus schenkt der Menschheit in dieser Offenbarung auch allumfassende Hinweise für ein wahrhaft geistiges Leben nach den göttlichen Gesetzen. Somit erfüllen sich in diesem Werk Seine Worte, die Er als Jesus von Nazareth sprach: „Noch vieles hätte Ich euch zu sagen ..." (Joh. 16,12) Aufbauend auf dem „Evangelium Jesu", einem schon bestehenden, außerbiblischen Evangeliumstext, beschreibt Christus in diesem Buch, „Das ist Mein Wort", Sein Leben und Wirken als Jesus von Nazareth; Er zeigt uns insbesondere auf, w i e wir in unserer heutigen Zeit nach den Gesetzen Gottes, nach den Zehn Geboten und der Bergpredigt leben können, und Er lässt uns vorausblicken in die Zukunft, in Sein Friedensreich auf der Erde.

Die Bergpredigt Jesu enthält die Essenz des Weges nach Innen, den Christus heute durch Sein Prophetisches Wort in allen Stufen und Details lehrt. Der Innere Weg ist der Weg der

Selbsterkenntnis und Überwindung der menschlichen Fehler aus Liebe zu Gott.

Wer diesen Pfad zur Selbstlosigkeit, zu Gleichheit, Freiheit, Einheit, Brüderlichkeit und Gerechtigkeit erfolgreich beschreitet, erhält die Kraft, die Bergpredigt und die Zehn Gebote im täglichen Leben – auch in Beruf und Wirtschaft – mehr und mehr zu erfüllen.

Das vorliegende Buch möchte allen suchenden Menschen die Bergpredigt Jesu näherbringen – nicht nur die in der Bibel festgehaltenen Teile, sondern die Lehrrede mit Erklärungen und Vertiefungen, die Christus heute der Menschheit durch Sein Prophetisches Wort gegeben hat. Darüber hinaus soll das vorliegende Buch dem Leser auch Einblick geben in die Tiefe des Offenbarungswerkes „Das ist Mein Wort. Alpha und Omega. Das Evangelium Jesu. Die Christus-Offenbarung, welche inzwischen die wahren Christen in aller Welt kennen".

In diesem Werk baut Christus auf dem Buch „Das Evangelium Jesu. Was war vor 2000 Jahren?" auf. Weil darin manches jedoch lückenhaft und mitunter falsch überliefert ist, erklärt und berichtigt Christus heute diesen Text. Jene Stellen, auf die Christus nicht näher eingeht, stimmen im Wesentlichen mit der Wahrheit Seines Lebens und Wirkens als Jesus von Nazareth überein. Darüber hinaus vertieft und erweitert Christus wesentliche Berichte im „Evangelium Jesu". Somit ist in dem Gesamtwerk „Das ist Mein Wort" der

Menschheit nun die ganze Wahrheit gegeben, alle wesentlichen Aspekte des Lebens Jesu und Seiner Lehre.

In dem Buch „Das ist Mein Wort“ folgen auf einen oder mehrere Verse des „Evangelium Jesu“ jeweils die Worte, mit denen Christus 1989 diese Abschnitte erklärt, berichtigt und vertieft. Dieser Aufbau ist auch bei der Wiedergabe des hier vorliegenden Auszuges beibehalten worden. Um den Text zu untergliedern und übersichtlich zu gestalten, wurden Überschriften gesetzt.

Das vorliegende Buch enthält auch die Zwölf Gebote Jesu, die Christus jetzt in Seinem Offenbarungswerk „Das ist Mein Wort“ (Kap. 46, 7-21) der Menschheit erneut gegeben hat. Es sind im Wesentlichen die Zehn Gebote, die Gott durch Mose offenbarte, welche Jesus von Nazareth erweitert hat für Sein werdendes Friedensreich auf Erden.

Für den Leser, der die Gebote der Bergpredigt Jesu in seinem Leben verwirklichen möchte, wird folgende Information ebenfalls von Bedeutung sein: Nach dem vollen Inhalt Seiner Bergpredigt und nach der Offenbarung des Weges zu Gott im Innersten jedes Menschen hat Christus uns 1991 noch das Höchste offenbart, das Absolute Gesetz, in Seinem Werk „Die großen kosmischen Lehren des Jesus von Nazareth an Seine Apostel und Jünger, die es fassen konnten. Das Leben der wahren gotterfüllten Menschen". Es ist das Gesetz der Himmel, all jenen als weitere Hilfe gegeben, die sich aufgemacht haben, durch die Erfüllung der Gesetze Gottes wieder reinen Herzens zu werden.

Gott gab und gibt. Er fragt nicht, ob Menschen Sein Wort, das Gotteswort, erkennen und danach leben. Jeder kann prüfen und sich entscheiden. Wer es fassen kann, der fasse es.

Gabriele-Verlag Das Wort

Die Seligpreisungen

Da Jesus die Menge des Volkes sah, ging Er auf einen Berg. Und als Er sich gesetzt hatte, kamen die Zwölf zu Ihm. Er blickte auf zu Seinen Jüngern und sprach:

Selig im Geiste sind die Armen, denn ihrer ist das Himmelreich. Selig sind, die da Leid tragen, denn sie sollen getröstet werden. Selig sind die Sanftmütigen, denn sie werden das Erdreich besitzen. Selig sind, die da hungert und dürstet nach der Gerechtigkeit, denn sie sollen gesättigt werden.

Selig sind die Barmherzigen, denn sie werden Barmherzigkeit erlangen. Selig sind, die reinen Herzens sind, denn sie werden Gott schauen. Selig sind die

Friedensstifter, denn sie werden Kinder Gottes heißen. Selig sind, die um der gerechten Sache willen Verfolgung leiden, denn ihrer ist das Reich Gottes.

Ja, selig seid ihr, wenn euch die Menschen hassen und euch ausstoßen werden aus ihrer Gemeinschaft und allerlei Übles wider euch reden und euren Namen ächten um des Menschensohnes willen. Freut euch an jenem Tage und hüpfet vor Freude, denn siehe, euer Lohn ist groß im Himmel. Denn Gleiches taten ihre Väter den Propheten. (Kap. 25, 1-4)

Christus erklärt, berichtigt und vertieft das Wort:

Die Bergpredigt ist der Innere Weg zum Herzen Gottes, der zur Vollendung führt.

Die Seligen werden den Christus schauen und mit Mir, dem Christus, in aller Sanftmut und Demut das Erdreich besitzen. Wohl dem, der die Herrlichkeit des Vater-Mutter-Gottes in allem schaut. Er ist zum lebendigen Vorbild für viele geworden.

Ich führe die Meinen zur Erkenntnis der Wahrheit.

Wer aus der Wahrheit ist, hört Meine Stimme, weil er die Wahrheit ist und daher auch die Wahrheit hört und schaut.

Die Seligen sind furchtlos und freudig, denn sie schauen und hören, was jene nicht sehen und hören, die sich noch hinter ihrem menschlichen Ich verbergen und dieses mit äußerster Anstrengung halten, um nicht erkannt zu werden.

Doch die Seligen schauen in den Kerker menschlichen Ichs hinein und erkennen die verborgensten Gedanken ihrer Mitmenschen. Sie leuchten mit der Kraft ihres lichten Bewusstseins hinein und rufen ihren Mitmenschen zu:

„Selig im Geiste sind die Armen, denn ihrer ist das Himmelreich!"

Mit den Worten „die Armen" ist nicht materielle Armut gemeint. Nicht diese bringt die Seligkeit im Geiste, sondern die Gottergebenheit, aus welcher der Mensch erfüllt, was Gottes Wille ist. Sie ist innerer Reichtum.

Mit den Worten „die Armen" sind alle jene gemeint, die nicht nach eigenem Besitz streben und keine Güter horten. Ihr Denken und Trachten gilt dem Gemeinschaftsleben, in dem sie die Güter, die Gott allen geschenkt hat, in gesetzmäßiger Weise verwalten. Sie sinnen und trachten nicht nach Weltlichem. Sie dienen dem Gemeinwohl und strecken ihre Arme nach Gott aus und gehen bewusst den Weg zum Inneren Leben. Ihr Ziel ist das Reich Gottes in ihrem Inneren, das sie allen Menschen verkünden und bringen wollen, die guten Willens sind. Ihr innerer Reichtum ist das Leben in Gott, für Gott und für ihre Nächsten. Sie leben das Gebot „Bete und arbeite".

Sie streben dem Geiste Gottes zu und empfangen für ihr irdisches Leben von Gott, was sie benötigen, und darüber hinaus. Das sind die Seligen im Geiste Gottes.

„Selig sind, die da Leid tragen, denn sie sollen getröstet werden.“

Das Leid des Menschen ist nicht von Gott, sondern der Leidende hat es entweder selbst verursacht – oder seine Seele hat im Seelenreich einen Teil der Schuld einer Bruder- oder Schwesterseele übernommen, um für diese im Erdendasein abzutragen, damit die Bruder- oder Schwesterseele in höhere Bereiche Inneren Lebens einzugehen vermag.

Wer sein Leid trägt, ohne seinen Nächsten zu beschuldigen, und im Leid seine Fehler und Schwächen erkennt, diese bereut, um Vergebung bittet und vergibt, dem wird Gottes Barmherzigkeit zuteil werden. Denn Gott, der Ewige, möchte Seine Kinder trösten und von ihnen das hinwegnehmen, was nicht gut und heilsam für ihre Seele ist. Denn wenn das Leid die Seele verlässt, wenn also die Ursachen, die in der Seele wirksam wurden, getilgt sind, findet der Mensch näher zu Gott.

„Trage dein Leid“ heißt: Klage nicht darüber; klage Gott nicht an und auch nicht deine Nächsten. Finde in deinem Leid dein sündhaftes Verhalten, das zu diesem Leid geführt hat.

Bereue, vergib und bitte um Vergebung, und tue das nicht mehr, was du als Sünde erkannt hast. Dann kann die Seelenschuld von Gott getilgt werden, und du empfängst aus Ihm sodann vermehrt Kraft, Liebe und Weisheit.

Wenn du einem leidtragenden und leidgeprüften Menschen begegnest und er dich um Hilfe bittet, so stehe ihm bei und hilf ihm, soweit es dir möglich ist und es gut für seine Seele ist. Und wenn du erkennst, dass dein Nächster die Hilfe dankbar annimmt und sich mit ihr aufbaut, dann gib ihm darüber hinaus, so es dir möglich ist.

Doch du, der du Hilfe bringst, tue dies selbstlos.

Wenn du dies nur aus äußerer Verpflichtung tust, so wirst du dafür keinen geistigen Lohn empfangen – und du wirst auch der Seele des Leidtragenden und Leidgeprüften keinen Dienst erweisen, sondern nur dem Körper, dem Gefährt der Seele.

„Selig sind die Sanftmütigen, denn sie werden das Erdreich besitzen.“

Sanftmut, Demut, Liebe und Güte gehen Hand in Hand. Wer zur selbstlosen Liebe geworden ist, der ist auch sanftmütig, demütig und gütig. Er ist erfüllt von Weisheit und Kraft.

Menschen in Meinem Geiste, die selbstlos Liebenden, werden das Erdreich besitzen. O sehet, der Weg zum Herzen Gottes ist der Weg in das Herz der selbstlosen Liebe. Aus der selbstlosen Liebe strömt der Friede Gottes.

Die Menschen, die zum Herzen Gottes hinwandern, und die Menschen, die schon in Gott leben, wirken für die Neue Zeit, indem sie alle willigen Menschen den Weg zu Gott lehren. Damit nehmen sie das Erdreich mehr und mehr in Meinem Geiste in Besitz.

„Selig sind, die da hungert und dürstet nach der Gerechtigkeit, denn sie sollen gesättigt werden.“

Wer nach der Gerechtigkeit Gottes hungert und dürstet, ist ein Wahrheitssuchender, der sich nach dem Leben in und mit Gott sehnt. Er soll gesättigt werden.

Mein Bruder, Meine Schwester, die du dich nach der Gerechtigkeit, dem Leben in und mit Gott, sehnst, sei getrost, und erhebe dich aus dem sündhaften menschlichen Ich! Freue dich, denn die Zeit ist angebrochen, in der das Reich Gottes den Menschen näherkommt, die sich bemühen, die Gebote des Lebens zu halten.

Siehe, Ich, dein Erlöser, Bin die Wahrheit in dir selbst. In dir selbst also Bin Ich der Weg, die Wahrheit und das Leben.

Die Wahrheit ist das Gesetz der Liebe und des Lebens. In den Zehn Geboten, welche Auszüge aus dem allumfassenden Gesetz Gottes sind, findest du die Merksätze für den Weg zur Wahrheit. Beachte die Zehn Gebote, und du gelangst immer mehr auf den Weg der Bergpredigt, in welcher der Weg zur Wahrheit grundlegend ausgeführt ist.

Der Weg zur Wahrheit ist der Weg zum Herzen Gottes, zu dem ewigen Leben, das selbstlose Liebe ist. Die Bergpredigt ist der Weg in das Reich

Gottes, in die Gesetze für das Friedensreich Jesu Christi. Vertiefst du dich in sie und erfüllst du sie, dann gelangst du zur göttlichen Weisheit.

Erkenne: Keiner soll nach der Gerechtigkeit hungern oder dürsten. Vollziehe den ersten Schritt hin zum Reiche der Liebe, indem du zuerst zu dir selbst gerecht bist. Übe dich im positiven Leben und Denken, und du wirst ganz allmählich ein gerechter Mensch werden. Dann bringst du die Gerechtigkeit Gottes in diese Welt; und du vertrittst diese auch, weil du den Willen Gottes, des Herrn, erfüllst, aus Seiner Liebe und Weisheit.

Erkenne: Die Zeit ist nahe, in der geschieht, was offenbart ist. Der Löwe wird beim Lamme liegen, weil die Menschen den Sieg über sich selbst errungen haben – durch Mich, ihren Erlöser. Sie werden eine große Familie in Gott bilden und mit allen Tieren und der ganzen Natur in Einheit leben.

Freuet euch, das Reich Gottes ist nahe herbeigekommen – und mit dem Reiche Gottes auch Ich, euer Erlöser und Friedensbringer, der Herrscher des Friedensreiches, des Weltreiches Jesu Christi.

„Selig sind die Barmherzigen, denn sie werden Barmherzigkeit erlangen."

Die Barmherzigkeit Gottes entspricht der Sanftmut und der Güte Gottes und ist für alle Seelen das Tor zur Vollendung des Lebens. Die Menschen, die durch Mich, den Christus, der Ich im Vater-

Mutter-Gott lebe, alle sieben Grundkräfte des Lebens – das Gesetz von der Ordnung bis zur Barmherzigkeit – in ihren Seelen entfaltet haben, werden wieder als reine Geistwesen durch das Tor der Barmherzigkeit in die selbstlose Liebe, in das Reich Gottes, in die Himmel, eingehen und in Frieden leben. Das Tor zum ewigen Sein bildet die siebte Grundkraft, die Barmherzigkeit – im Geiste Gottes Güte und Sanftmut genannt. Alle Menschen, die sich in der Barmherzigkeit üben, werden auch Barmherzigkeit erlangen und jenen beistehen, die sich auf dem Wege zur Barmherzigkeit befinden.

Erkennet: Der Weg zum Herzen Gottes ist der Weg des Einzelnen in der Gemeinschaft mit Gleichgesinnten.

Denn Gott ist Einheit, und Einheit in Gott ist Gemeinschaft in und mit Gott und mit den Nächsten.

Wer die ersten Schritte auf dem Wege zur Vollendung getan hat, der wird das Gebot der Einheit erfüllen: Einer für alle, Christus – und alle für Einen, Christus.

Die Bergpredigt ist, wie offenbart, der Evolutionsweg hin zum Inneren Leben. Alle jene, die auf diesem Entfaltungsweg hin zum Herzen Gottes vorangeschritten sind, helfen wieder denen, die erst am Beginn des Weges stehen. In und über allen leuchtet der Christus, der Ich Bin.

„Selig sind, die reinen Herzens sind, denn sie werden Gott schauen."

Das reine Herz ist die reine Seele, die sich wieder zum absoluten Geistwesen emporgeschwungen hat durch Mich, den Christus im Vater-Mutter-Gott.

Die reinen Seelen, die wieder zu Wesen der Himmel wurden, sind dann wieder das Ebenbild des ewigen Vaters und schauen den Ewigen wieder von Angesicht zu Angesicht. Sie schauen, leben und vernehmen zugleich das Gesetz des ewigen Vaters, weil sie wieder Geist aus Seinem Geiste geworden sind – das ewige Gesetz selbst.

Solange Menschen und Seelen den Geist Gottes in sich noch erhorchen müssen, sind sie noch nicht Geist aus Seinem Geiste, noch nicht das Gesetz der Liebe und des Lebens selbst.

Wer jedoch wieder zum Gesetz der Liebe und des Lebens geworden ist, der schaut den ewigen Vater von Angesicht zu Angesicht und steht mit Ihm in ständiger, bewusster Kommunikation. Er schaut auch das Gesetz Gottes, das Leben aus Gott, als Ganzes, weil er selbst das Leben und die Liebe ist und sich darin bewegt. Wer sich im Absoluten Gesetz Gottes bewegt, der hat es auch ganz erschlossen – von der Ordnung bis zur Barmherzigkeit. Ihm dienen alle sieben Grundkräfte der Unendlichkeit, weil er in absoluter Einheit und Harmonie mit allem Sein ist.

„Selig sind die Friedensstifter, denn sie werden Kinder Gottes heißen."

Diese Worte bedeuten dem Sinne nach: Selig sind, die Frieden halten. Sie werden auch den wahren Frieden auf diese Erde bringen, weil sie in sich selbst friedfertig geworden sind. Sie sind bewusst die Kinder Gottes.

„Selig sind, die um der gerechten Sache willen Verfolgung leiden, denn ihrer ist das Reich Gottes."

Erkennet: Wer Mir nachfolgte, wurde von den Weltlingen nicht geachtet, weil auch Ich als Jesus von ihnen missachtet wurde. Zu allen Zeiten mussten Menschen, die in die wahre Nachfolge des Nazareners traten, viel erdulden und erleiden.

Die Weherufe

Wehe euch, die ihr reich seid! Denn ihr habt in diesem Leben euren Trost empfangen. Wehe euch, die ihr satt seid, denn ihr werdet hungern. Wehe euch, die ihr jetzt lacht, denn ihr werdet trauern und weinen. Wehe euch, wenn alle Menschen gut von euch sprechen, denn so machten es auch ihre Väter mit den falschen Propheten. (Kap. 25, 5)

Christus erklärt, berichtigt und vertieft das Wort:

„Wehe euch, die ihr reich seid! Denn ihr habt in diesem Leben euren Trost empfangen."

Menschen, die ihren Reichtum als ihr Eigentum ansehen, sind arm im Geiste. Vielen der an irdischen Gütern Reichen wurde für ihr Erdenleben die geistige Aufgabe in die Wiege gelegt, ein Vorbild für jene Reichen zu sein, die mit verstockten, unnachgiebigen Herzen sich an ihren Reichtum binden und deren einziges Denken und Trachten es ist, diesen für sich selbst zu vermehren. Ein Mensch, der an irdischen Gütern reich ist und erkannt hat, dass sein Reichtum eine Gabe ist, die er nur dazu von Gott empfangen hat, dass er sie in das große Ganze für das Wohl aller einbringt und sie dort rechtmäßig für alle verwaltet – der verwirklicht das Gesetz der Gleichheit, Freiheit, Einheit und Brüderlichkeit. Er trägt als ein selbstloser Geber mit dazu bei, dass die Armen nicht in Entbehrung und die Reichen nicht in Luxus leben.

Auf diese Weise wird allmählich ein Gleichgewicht, ein gehobener Mittelstand hergestellt für alle, die bereit sind, das Gesetz „Bete und arbeite“ selbstlos zu erfüllen. So erwächst ganz allmählich das wahre Menschentum einer Gemeinschaft, deren Glieder keinen auf die Person bezogenen irdischen Reichtum sammeln, sondern alles als Gemeinbesitz betrachten, der ihnen von Gott gegeben ist.

Wenn der Reiche Geld und Gut als sein Eigen betrachtet und in der Welt seines Reichtums wegen angesehen ist, wird er – als Wirkung auf seine Ursachen – in den nächsten Erdenleben in armen Ländern leben und dort um das Brot betteln, das er einst als Reicher Armen versagt hat. Das ist so lange gegeben, wie derartige Einverleibungen noch möglich sind.

Die Seele eines solchen Reichen wird auch in den Reinigungsebenen keine Ruhe finden. Die lichtarmen Seelen, die seinetwegen im Erdenkleid Leid und Hunger erdulden mussten, werden ihn als den wiedererkennen, der ihnen vorenthalten hat, was ihnen aus den Verstrickungen menschlichen Ichs hätte heraushelfen können. Viele werden ihn anklagen, und dann wird seine Seele selbst spüren, wie diese gelitten und gehungert haben. Auf diese Weise kann eine Seele, die im Erdenkleid als Mensch reich und angesehen war, große Not erleiden; diese Not ist viel größer, als wenn sie im Erdenkleid um Brot hätte betteln müssen.

Erkennet: Nach den Gesetzen des Ewigen gebührt jedem, der selbstlos das Gebot „Bete und arbeite“ hält, das Gleiche; denn Gott gibt jedem, wessen er bedarf, und darüber hinaus. Solange jedoch noch nicht alle Menschen sich an dieses Gebot halten, gibt es auf der Erde die sogenannten Reichen. Ihre Aufgabe ist es, ihren angesammelten Reichtum auszuteilen und ebenso zu leben wie die, die selbstlos das Gebot „Bete und arbeite“ erfüllen. Wenn sie in dieser Weise nicht an ihr Wohl denken, sondern an das Wohl aller, dann kehrt sich allmählich der innere Reichtum nach außen, und kein Mensch wird hungern oder darben.

Wehe euch, ihr Reichen, die ihr euer Geld und Gut euer Eigen nennt und eure Nächsten dafür arbeiten lasst, dass euer Vermögen sich vermehrt! Ich sage euch: Ihr werdet Gottes Thron nicht schauen, sondern weiter dort leben, wo Gottes Füße sind – auf Erden, immer wieder in Erdenkleidern, solange dies noch möglich ist. Auch wenn ihr soziale Einrichtungen fördert, selbst jedoch um vieles reicher seid als jene, die daraus unterstützt werden, so seid ihr dennoch dem Satan der Sinne hörig, der die Unterschiede von Arm und Reich will.

Durch diese Unterschiede entstehen Macht und Unterwürfigkeit, Neid und Hass. Daraus ergeben sich Streit und Kriege. Daher dienen die, welche ihren Reichtum festhalten, auch dann, wenn sie hin und wieder sozial denken, dem Satan der Sinne und handeln gegen das Gesetz des Lebens: gegen Gleichheit, Freiheit, Einheit und Brüderlichkeit.

Wer Geld und Güter als sein Eigen betrachtet und für sich hortet, anstatt diese materiellen Energien fließen zu lassen, der ist nach dem Gesetze des Lebens ein Dieb, da er seinen Nächsten einen Teil ihres geistigen Erbes vorenthält. Denn alles ist Energie. Wer sie bindet durch „Mein und Mir", handelt gegen das Gesetz, das fließende Energie ist.

„Wehe euch, die ihr satt seid, denn ihr werdet hungern.“

Der reiche, satte Mensch, der allein „seine“ Scheunen füllt, ist im Herzen leer. Er kennt nur das Mein und Dein. Seine Sinne und Gedanken drehen sich um „mein“ Eigentum, „meinen“ Besitz, „mein“ Brot, „meine“ Speise. „Das alles gehört mir“ – dies ist seine Welt. Ein solcher Mensch wird einst hungern und darben, bis er begreift: Alles ist das Sein; alles gehört Gott und allen Menschen, die sich bemühen, Gottes Werke zu tun: die selbstlose Liebe und das Gesetz des Lebens für die Erde „Bete und arbeite“ zu erfüllen.

Menschen, die nur von Mein und Dein sprechen, sind lichtarme Menschen, die schon in dieser Einverleibung einen weiteren Erdenweg vorbereiten oder eine lange Wanderung ihrer Seele im Seelenreich, jeweils im Kleide des Bettlers.

Die vom Materiellen geblendete Seele hungert unbewusst nach Licht, weil sie lichtarm ist. Zwanghaft versucht sie, dies mit äußeren Dingen auszugleichen wie mit irdischem Reichtum, Habgier, mit Völlerei, Trunksucht oder anderen Begierden und Genüssen. Sie ist unersättlich.

„Wehe euch, die ihr jetzt lacht, denn ihr werdet trauern und weinen."

Wer über seine Nächsten lacht und spottet, der wird einst sehr traurig sein und über sich selbst weinen – weil er jene verkannt hat, über die er sich lustig gemacht und die er verspottet hat. Er wird erkennen müssen, dass er letztlich sich selbst verlacht, verhöhnt und verspottet hat. Denn wer über seinen Nächsten richtet und urteilt, ihn verlacht, verhöhnt und verspottet, der richtet, verurteilt, verlacht, verhöhnt und verspottet Mich, den Christus.

Erkennet: Wer sich am Geringsten Meiner Brüder versündigt, der versündigt sich am Gesetze des Lebens und wird darunter zu leiden haben. Zugleich hat er sich an jene gebunden, die er missachtet hat. Daher sehet euch vor und übt Selbstkontrolle. Nicht was durch den Mund eingeht, verunreinigt eure Seele, sondern was von eurem Mund ausgeht, das belastet die Seele und den Menschen.

„Wehe euch, wenn alle Menschen gut von euch sprechen, denn so machten es auch ihre Väter mit den falschen Propheten.“

Wenn ihr euren Mitmenschen nach dem Munde redet, damit sie euch loben und ihr bei ihnen angesehen seid, so seid ihr gleich den Falschmünzern, die um ihres Vorteils willen mit falscher Münze zahlen.

Ähnlich verhielt und verhält es sich auch mit den falschen Propheten. Sie waren und sind bei dem Volke angesehen, weil sie ihm nach dem Munde redeten und weil die Angesehenen des Volkes zu ihnen hielten, da sie sich dadurch persönlichen Vorteil und Nutzen versprachen.

Erkennet, ihr Menschen im Friedensreich: In der sündhaften Welt wurden viele gerechte Propheten und auch erleuchtete Männer und Frauen von den irdischen Reichen und den Machthabern dieser Welt, von Kirchenführern und ihren Anhängern verleumdet und verfolgt und viele von ihnen gefoltert und getötet. Das Satanische hat zu allen Zeiten jene als Werkzeuge benützt, die ihren irdischen Reichtum für sich halten und vermehren wollten, die Macht erstrebten, und auch die, welche den Reichen und Machthabern hörig waren.

Das müsst ihr wissen, damit ihr versteht, warum die alte, sündhafte Welt auf grausame Art und Weise unterging.

Falsche Propheten waren unter anderem auch jene, die das Evangelium der

Liebe wohl predigten, jedoch selbst nicht danach lebten. Und es waren auch all jene, die sich „Christen“ genannt haben und sich in ihrem Leben unchristlich verhielten. Sie wurden oft gerühmt wegen ihrer Redekunst und geehrt und gelobt wegen ihres Reichtums und Ansehens.

O sehet, dennoch trugen alle wahren Propheten und Erleuchteten im Laufe der Zeiten dazu bei, dass der Kristall des Inneren Lebens mit seinen vielen Facetten der ewigen Wahrheit immer mehr funkelte und leuchtete. Auf diese Weise baute sich ganz allmählich das Reich Gottes auf Erden auf.

Für euch, liebe Brüder und Schwestern im Friedensreich, gilt es, diesen nun vollkommenen, funkelnden und leuchtenden Kristall, das Innere Leben, wie eine kostbare Blume zu hegen und zu pflegen, zu hüten und zu bewahren: Es ist das Gesetz der Liebe und Weisheit Gottes, Seine Ordnung, Sein Wille, Seine Weisheit, Sein Ernst, Seine Güte, Seine unendliche Liebestrahlung und Seine Sanftmut.

Ihr seid das Salz der Erde

Ihr seid das Salz der Erde, denn jegliches Opfer muss mit Salz gesalzen werden, doch wenn das Salz seinen Geschmack verloren hat, womit soll man salzen? Es ist hinfort zu nichts nütze, denn dass es ausgeschüttet und unter den Füßen zertreten wird. (Kap. 25, 6)

Christus erklärt, berichtigt
und vertieft das Wort:

Die Gerechten sind das Salz der Erde.

Sie werden immer wieder auf Missstände in dieser Welt aufmerksam machen und den Finger auf die Wunde der Sünde legen. Denn viel Unheil geschah und geschieht in dieser noch sündhaften

Welt – und viele Menschen wurden zum Opfer um des Evangeliums willen.

Die Gerechten, die zum Opfer wurden, sollen von gerechten Männern und Frauen rehabilitiert werden, denn alles soll offenbar werden durch das Salz der Erde. Jetzt, in der Zeit des Umbruchs von der alten, sündhaften Welt zur Neuen Zeit, der Lichtzeit, werden die Gerechten das Unrecht ans Licht bringen und es offenbar werden lassen, auf dass jene, die Unrecht getan haben, sich selbst erkennen und Buße tun.

Hütet euch jedoch, ihr Gerechten, die ihr das Salz der Erde seid, dass es nicht an Geschmack verliert, dass ihr also in der Gerechtigkeit bleibt und euch nicht verführen lasst. Denn wer soll die Gerechtigkeit in diese Welt bringen, und wer soll auf die Missstände und Sünden, die Menschen geschaffen haben, hinweisen? Doch nur jene, die Meinen Namen kennen und die im Buche des Lammes stehen.

Wer nicht mehr das Salz der Erde ist, der gerät unter jene, die Meinen Namen für ihre Zwecke missbraucht haben und missbrauchen und die Gerechten verfolgt, verleumdet und getötet haben.

Wenn das Salz der Erde an Geschmack verliert und der Mensch seine Nächsten missachtet, dann wird er seinen eigenen Ursachen erliegen; im Bild gesprochen: Er wird sich selbst zertreten. Seine ungesühnten Ursachen rufen dann

Krankheit, Siechtum und Leid hervor. Die lichtarme Seele wird darben und das an ihrem eigenen Seelenleibe spüren, was sie an ihrem Nächsten verursacht hat.

Ihr seid das Licht der Welt

Ihr seid das Licht der Welt. Die Stadt, die auf einem Hügel erbaut ist, kann nicht verborgen sein. Man zündet auch kein Licht an und stellt es unter den Scheffel, sondern auf einen Leuchter, und es gibt Licht allen, die im Hause sind. So lasset euer Licht leuchten vor den Leuten, dass sie eure guten Werke sehen mögen und euren Vater im Himmel preisen. (Kap. 25, 7)

Christus erklärt, berichtigt
und vertieft das Wort:

Ich Bin das Licht der Welt.

An Meinem Lichte entzündeten sich in der gewaltigen Zeitenwende immer mehr Herzen. Die Menschen erkannten die ewige Wahrheit in Meinem Worte. Immer mehr Menschen gingen den Inneren Weg und nahmen das Geschenk des Lebens an, die Lehren und Lektionen aus der ewigen Wahrheit, um Gott, dem ewigen Sein, näherzukommen.

Viele Männer und Frauen wurden Meine Getreuen, denn sie erfüllten Gottes Willen. Sie verbrüderten sich in Meinem Geiste und wurden die Pioniere für die Neue Zeit, die das Fundament des Reiches Gottes auf Erden gründeten und auf diesem aufzubauen begannen.

Folget Mir nach

Ihr sollt nicht denken, dass Ich gekommen Bin, das Gesetz oder die Propheten zu zerstören; Ich Bin nicht gekommen, zu zerstören, sondern zu erfüllen.

Denn wahrlich, Ich sage euch: Bis Himmel und Erde vergehen, wird nicht der kleinste Buchstabe noch ein Tüpfelchen von dem Gesetze und den Propheten vergehen, bis dass alles erfüllt ist.

Doch siehe, ein Größerer denn Moses ist hier, und dieser wird euch das höhere Gesetz geben, sogar das vollkommene Gesetz, und diesem Gesetz sollt ihr gehorchen. (Kap. 25, 8)

Christus erklärt, berichtigt und vertieft das Wort:

Als Jesus von Nazareth lehrte Ich die Männer und Frauen, die Mir nachfolgten, und alle, die Mir zuhörten, Teile aus dem vollkommenen Gesetz, dem Absoluten Gesetz. Ich erklärte ihnen auch, dass das Absolute Gesetz der Liebe in das Gesetz von Saat und Ernte hineinstrahlt, da der Geist allgegenwärtig ist und auch im Gesetz von Saat und Ernte, dem Gesetz des Falles, wirkt.

Durch Mich als Jesus von Nazareth, den einverleibten Christus, und durch alle weiteren wahren Gottespropheten belehrte und mahnte der Ewige Seine Kinder in den unvollkommenen Ebenen, dass das Gesetz des Falles, das

Gesetz von Saat und Ernte, beständig aktiv ist. Wer sich nicht rechtzeitig besinnt und umkehrt, der wird seine Ursachen als Wirkungen zu erdulden haben. Der Ewige war und ist bestrebt, auch in der heutigen Zeit Seine Menschenkinder und alle Seelen an Sein Herz zu führen, hin zum Gesetz der ewigen Liebe, bevor die Ernte – die Wirkungen auf die von ihnen gesetzten Ursachen – auf sie zukommt. Der Ewige führte und führt sie durch Mich, Christus, zur Selbsterkenntnis. Er gab und gibt ihnen die Kraft, das zu bereinigen, was sie als Sünde und Fehler erkannt haben und erkennen.

Der Christus, der Ich Bin, kam in Jesus von Nazareth auf diese Erde, in diese Welt, um die Menschen als Menschensohn das ewige Gesetz zu lehren und es vorzuleben, auf dass sie den Weg zum ewigen Vater erkennen und Sein Gesetz erfüllen – damit sie wieder in die ewigen Wohnungen eingehen können, die Er für alle Seine Kinder bereithält.

Die Menschen, die Mir in Meiner Erdenzeit nachfolgten und die ewigen Gesetze verwirklichten, waren Meine wahren Nachfolger.

In den darauffolgenden Generationen gab es dann Christentum und Scheinchristentum: die wahren Nachfolger, die freiwillig Mir, dem Christus, nachfolgten, indem sie die Gesetze der Bergpredigt hielten – und die Scheinchristen, die nur von Mir, dem Christus, sprachen und doch gegen die Gesetze handelten. Außerdem gab es noch die sogenannte Zwangsnachfolge: Diese entstand aus der zwangsweise vollzogenen Christianisierung der Massen durch die Kirchen.

Erkennet: Im ewigen Gesetz gibt es keinen Zwang. Gott, der Ewige, hat allen Seinen Kindern den freien Willen gegeben. Wer sich frei entscheidet, der hat mit der freien Entscheidung die Kraft zu dem, was echtes Christentum prägt: Gleichheit, Freiheit, Einheit, Brüderlichkeit und Gerechtigkeit. Alle Zwänge kommen aus dem Gesetz von Saat und Ernte, das auch Fallgesetz genannt wird. Dem Menschen ist geboten, seinen geistigen Weg frei zu wählen. Ich, Christus, bot und biete den Weg zum

Herzen Gottes an, doch Ich zwinge keinen Menschen, ihn zu gehen. Wer seine Nächsten zwingt, lebt selbst unter dem Zwang des Fallgesetzes und verkörpert den Fallgedanken.

Einige sogenannte christliche Konfessionen zwingen ihre Gläubigen zur Wassertaufe. Schon die Kleinkinder, deren freier Wille noch nicht entwickelt ist und die deshalb auch noch nicht selbst entscheiden können, werden durch die Wassertaufe in die Mitgliedschaft einer Kirche gezwungen und damit zur Teilnahme an ihren übrigen Ritualen veranlasst.

Das ist ein Eingriff in den freien Willen des Einzelnen, gleichsam eine zwangsweise Christianisierung. Das sind Abläufe im Fallgesetz.

Menschen, die Mich, Christus, nicht freiwillig, aus tiefster innerer Überzeugung, an- und aufnehmen, haben es oftmals sehr schwer, die Zehn Gebote, die Auszüge aus dem ewigen Gesetz, in rechter Weise zu verstehen und anzunehmen, weil diese durch viele Veräußerlichungen, dogmatische Formen, Riten, Bräuche und Kulte in den Hintergrund gedrängt wurden.

In den Konfessionen wurden diese Veräußerlichungen zur Hauptsache, sie haben jedoch mit dem inneren Christentum, der Inneren Religion, nichts gemein, sondern stammen zum Teil unmittelbar aus der Zeit der Vielgötterei und des Götzentums und damit aus dem Bereich der Fallebenen.

Erst wenn sich Menschen freiwillig lösen von den ihnen aufgezwungenen Dogmen und starren Formen, von Riten und Kulten sowie von ihren eigenen Gottesvorstellungen, können sie allmählich in ihr Inneres, in ihr wahres Wesen, geführt werden. Dort, in ihrem inneren Sein, finden sie sich dann als wahres Wesen in Gott und als Bewohner des Reiches Gottes, das inwendig in jedem Menschen ist. Dieses Innere Leben ist die wahre Religion, die Innere Religion.

Erkennet: Das ewige, allumfassende, universelle Gesetz, das Gesetz der Himmel, ist unumstößlich. Es ist das Gesetz allen reinen Seins. Durch den Fall entstand das Gesetz von Saat und Ernte und kann nur aufgelöst werden durch die Verwirklichung der ewigen Gesetze. Es kann jedoch nicht umgangen werden. Das Gesetz von Saat und Ernte wirkt so lange in jeder Seele, bis die Sünden erkannt, bereinigt, gesühnt und Mir, dem Christus Gottes, übergeben wurden. Dann ist das Fallgesetz in der Seele aufgehoben. Die Seele ist sodann weitgehend befreit von ihrer Unreinheit. Sie wird wieder das reine Wesen in Gott, welches das Absolute Gesetz lebt, da es wieder dem absoluten, allwaltenden Gesetz der Liebe und des Lebens zustrebt.

Das Gesetz von Saat und Ernte hat so lange Gültigkeit, bis alles Gegensätzliche abgegolten und in positive Energie umgewandelt ist und jedes Wesen wieder in Gott lebt, aus dem es hervorging. In dem

Maße, wie alle Wesen aus Gott wieder eingegangen sind in das Herz Gottes, in das Absolute Gesetz, werden sich alle Reinigungsebenen – alle teilmateriellen und materiellen Ebenen, einschließlich der Erde – in kosmische Energie umwandeln und wieder im Absoluten Gesetz schwingen. Dann ist das Fallgesetz aufgehoben, und Gottes Liebe ist bewusst und allwaltend in allem Sein, in jedem Wesen.

Es wird kein „Tüpfelchen" vom ewigen Gesetz hinweggenommen, das die wahren Propheten vor und nach Mir gebracht haben, das Ich als Jesus von Nazareth vorlebte.

Wenn es heißt: *„nicht der kleinste Buchstabe"*, so ist damit der einzelne

Aspekt der ewigen Wahrheit gemeint, nicht der Buchstabe und das Wort der Menschen als solches. Menschliche Worte sind oft nur Symbole, die das Innerste verbergen. Erst wenn der Mensch in die Symbolsprache hineinzuspüren vermag, erkennt er die Wahrheit und den Sinn des Lebens, der tief in den menschlichen Worten verborgen liegt.

„*Das höhere Gesetz*" ist der Schritt in das vollkommene Gesetz. Dieses wird die weitgehend reinen Wesen, die von der Erde und den Seelenreichen her kommen, in den Vorbereitungsebenen gelehrt, die sich vor dem Himmelstor befinden. Das höhere Gesetz ist die letzte Lehrstufe vor dem Himmelstor. Es zeigt den weitgehend reinen Wesen, wie die gesetzmäßige Strahlung im Geistleibe wieder aktiviert wird, damit sie in der Unendlichkeit angewendet werden kann.

Als Jesus von Nazareth habe Ich Teile aus dem vollkommenen Gesetz, dem Absoluten Gesetz, gelehrt. Die ganze Wahrheit musste den damaligen Menschen noch verborgen bleiben, weil sie noch zu sehr am Götterglauben hingen und an den verschiedenen Glaubensrichtungen der damaligen Zeit orientiert waren. Deshalb sprach Ich sinngemäß: Wenn die Zeit gekommen ist, werde Ich, der Geist der Wahrheit, euch in alle Wahrheit führen.

Auf dem Berge Golgatha – das heißt: Schädelstätte – wurde Ich von den Römern gekreuzigt, weil das jüdische Volk Mich nicht als den Messias an-

und aufgenommen hat. Obwohl Ich im Jordantal landauf und landab predigte, lehrte, heilte und viele Zeichen Meiner Gottheit gab, blieb das halsstarrige jüdische Volk den Templern hörig und wurde deshalb mitschuldig am Tode des Jesus von Nazareth.

Mit den sinngemäßen Worten „*Es ist vollbracht*" gingen in alle belasteten und gefallenen Seelen die Erlöserfunken ein. Dadurch wurde und Bin Ich der Erlöser aller Menschen und Seelen.

Als Christus Gottes wirkte und wirke Ich weiter. In allen Generationen bis zur heutigen Zeit offenbarte und offenbare Ich Mich durch wahre Gottesinstrumente, durch Menschen mit weitgehend gereinigten Seelen.

In dieser machtvollen Zeitenwende, in der die Lichtzeit den Menschen immer näherkommt, lehre Ich das ewige Gesetz in allen seinen Facetten, und immer mehr Menschen gehen den Pfad nach Innen zur Liebe Gottes.

Nun ist die Zeit gekommen, die Ich als Jesus von Nazareth ankündigte: *„Heute könnt ihr es noch nicht tragen, also erfassen, doch wenn der Geist der Wahrheit kommt, wird Er euch in alle Wahrheit führen."*

Nun Bin Ich im Geiste unter den Meinen, den treuen Wanderern zum ewigen Sein, zum Bewusstsein Meines Vaters, und lehre sie das absolute, ewige Gesetz, auf dass auch diejenigen, die im Friedensreich leben werden, es erfüllen und somit in Mir leben und Ich durch sie.

Meine Worte sind Leben, sind das ewige Gesetz. Sie bleiben in den Wanderern zum ewigen Leben erhalten und auch in vielen schriftlichen Aufzeichnungen – so auch mit diesem Buch für das Friedensreich Jesu Christi.

Erkennet: Allein das ewige Gesetz der Liebe macht den Menschen frei – nicht das Gesetz von Saat und Ernte. Dieses bringt ihm nur Leid, Krankheit, Not und Siechtum.

Halte die Gebote – dann erst lehre

Wer nun eines von diesen Geboten, die Er geben wird, bricht und lehret die Leute ebenso zu tun, der wird der Geringste heißen im Himmelreich. Wer sie jedoch hält und lehrt, derselbe wird groß genannt werden im Himmelreich. (Kap. 25, 9)

Christus erklärt, berichtigt und vertieft das Wort:

Die Zehn Gebote, die Gott durch Moses Seinen Menschenkindern gab, sind Auszüge aus dem ewigen Gesetz des Lebens und der Liebe. Wer gegen diese Gebote verstößt, sie seine Mitmenschen nur lehrt, jedoch selbst nicht hält, der ist ein falscher Lehrer. Er sündigt wider den Heiligen Geist. Das ist die größte Sünde. Dieser Falschmünzer gebraucht Gottes Liebe, das Gesetz des Lebens, zum Selbstzweck. Dadurch missbraucht er das ewige Gesetz. Jeder Missbrauch ist Raub; und jeder Räuber ist ein Gejagter und Gehetzter, der von seinen eigenen Taten, von seinen eigenen Ursachen, früher oder später eingeholt und überführt wird. Denn Gott ist ein gerechter Gott; durch Ihn wird alles offenbar, sowohl das Gute als auch das weniger Gute und das Böse.

Wer jedoch das Gesetz der Liebe und des Lebens hält, das heißt, im täglichen Leben erfüllt, und die Menschen das lehrt, was er selbst verwirklicht hat, der ist ein wahrer geistiger Lehrer. Er reicht den Menschen das Brot der Himmel und wird damit viele sättigen. Wer aus der eigenen Erfüllung gibt, der ist von göttlicher Weisheit und Kraft erfüllt und wird dann, wenn die Zeit gekommen ist, wie ein Stern am Himmel leuchten. Denn der gotterfüllte Mensch schöpft aus dem Strom des Heils und gibt selbstlos denen, die nach der Gerechtigkeit hungern und dürsten.

Erkennet: Durch solche gerechten Männer und Frauen kommt das ewige Gesetz der Liebe und des Lebens in diese Welt. Wer also das ewige Gesetz hält und lehrt, der wird groß genannt werden im Himmelreich; das heißt: Er wird im Himmel reichen Lohn ernten.

Lebe nach deiner Erkenntnis

Wahrlich, die glauben und gehorchen, werden ihre Seelen retten, und die nicht gehorchen, werden sie verlieren. Denn Ich sage euch: Ist eure Gerechtigkeit nicht größer als die der Schriftgelehrten und Pharisäer, so werdet ihr nicht in das Himmelreich kommen. (Kap. 25, 10)

Christus erklärt, berichtigt und vertieft das Wort:

Die Aussage: „... *die glauben und gehorchen, werden ihre Seelen retten, und die nicht gehorchen, werden sie verlieren*" bedeutet: Wer glaubt und die Gesetze Gottes befolgt, der wird seine Seele von dem Rad der Wiedergeburt erretten, das ihn so lange in das Fleisch zieht, bis er alles gesühnt hat, was ihn immer wieder in die Einverleibungen gezogen hat.

Erkennet: Allein der Glaube an das Gesetz des Lebens genügt nicht. Nur der Glaube an das Leben und die Verwirklichung der Gesetze des Lebens führen Mensch und Seele heraus aus dem Rad der Wiedergeburt.

Wer die Gesetze Gottes nicht hält, der verrät Gott und verkauft seine Seele an die Finsternis. Dadurch deckt er das Licht seiner Seele, sein wahres Leben, ab. Dieser Mensch lebt sodann in der Sünde und die Seele im Schlaf dieser Welt. Das Gesetz der Einverleibung, das Rad der Wiedergeburt, das die Seele zur Einverleibung zieht, wird noch eine geraume Zeit wirksam sein, damit die einverleibte Seele erkennt, dass sie nicht von dieser Welt ist, sondern im Erdenkleid, um das abzulegen, was menschlich ist – und aufzudecken, was göttlich ist: ihr wahres, ewiges Leben.

Nicht alle, welche die Schriftzeichen kennen, deuten diese nur dem Buchstaben nach – sondern dem Sinne nach. Deshalb soll es heißen: Ist eure Gerechtigkeit nicht größer als die vieler Schriftgelehrten – die vorgeben, gerecht zu sein, und Mein Gesetz lehren, es jedoch selbst nicht halten –, so werdet ihr nicht in das Himmelreich eingehen.

Deshalb bindet euch nicht an Meinungen und Anschauungen der Menschen. Verwirklicht, was ihr aus dem Gesetze des Lebens erkannt habt; dann erkennt ihr die weiteren Schritte zu den höheren Gesetzmäßigkeiten.

Erkennet: Die Gerechtigkeit Gottes ist Gottes Liebe und Weisheit. Wer sie in sich nicht zur Entfaltung bringt, der strahlt sie auch nicht aus, schaut auch nicht in die Tiefen des ewigen Seins und ergründet auch nicht sein wahres Leben. Sein irdisches Leben ist ein Vegetieren. Er vegetiert am wahren Leben vorbei. Sowohl im Diesseits als auch im Jenseits ist er der geistig Tote. Er hat weder in diesem irdischen Dasein noch im jenseitigen Leben die richtige Orientierung, weil er nicht nach den Gesetzen des Lebens gelebt hat. Er ist nicht weise, sondern gibt nur sein gespeichertes Wissen weiter. Dadurch wird er zum Anhänger der Sünde und zuletzt ein Sünder. Er handelt wider das ewige Gesetz und fällt dadurch immer tiefer in das Gesetz von Saat und Ernte.

Versöhne dich mit deinem Nächsten

Darum, wenn du deine Gabe auf dem Altare opferst und wirst eingedenk, dass dein Bruder etwas gegen dich hat, so lass deine Gabe vor dem Altare und gehe zuvor hin, versöhne dich mit deinem Bruder, und alsdann komme und opfere deine Gabe. (Kap. 25, 11)

Christus erklärt, berichtigt und vertieft das Wort:

Wenn du Mir, dem Christus, dein Leben weihen und Mir deine Fehler und Sünden übergeben möchtest und du erkennst, dass du dich mit deinem Nächsten noch nicht versöhnt hast, so lasse die Sünde zunächst vor dem inneren Altar liegen. Gehe zu deinem Nächsten und versöhne dich mit ihm – und dann, wenn du Gleiches oder Ähnliches, das zur Sünde geführt hat, nicht mehr tun willst, dann lege deine Sünde auf den Altar. Der Altar befindet sich im Innersten deines Tempels aus Fleisch und Bein. Der Geist der Liebe und des Lebens wandelt sodann die Sünde in Kraft und Leben um. Denn was du frei, ohne Zwang, bereitwillig Mir übergibst und also Gleiches oder Ähnliches nicht mehr tust, von dem wirst du Befreiung erlangen. Deine Seele empfängt sodann vermehrt das Licht aus Mir.

Beachtet folgende Gesetzmäßigkeit: Wenn ihr gegen euren Nächsten ausschließlich in Gedanken gesündigt habt durch lieblose, neidische, rachsüchtige, eifersüchtige oder hasserfüllte Gedanken, dann gehet nicht auf ihn zu, um mit ihm darüber zu sprechen. Wisset, euer Nächster kennt nicht eure Gedankenwelt. So ihr sie im Wort offenbar werden lasst, denkt er darüber nach. Kommt allein zu Mir, dem Christus, der Ich in eurem Inneren Bin, und bereut eure Gedanken und sendet gleichzeitig der Seele eures Nächsten positive, selbstlose Gedanken, Gedanken der Bitte um Vergebung und Gedanken innerer Verbundenheit. Dann löse Ich, was in Gedanken verursacht wurde. Und so ihr dann Gleiches oder Ähnliches nicht mehr denkt, so ist euch schon vergeben.

Erkennet: Wenn ihr zu eurem Nächsten von euren menschlichen Gedanken sprecht, könnt ihr unter Umständen in ihm Menschliches anrühren, das gerade in der Umwandlung begriffen ist. Es könnte dann in eurem Nächsten wieder aufbrechen. Er beginnt sodann, wieder negativ zu denken und zu sprechen, und belastet sich aufs Neue.

Das Gesetz lautet: Nicht nur der belastet sich, der durch euer falsches Verhalten wieder zum Nachdenken angeregt wurde, sondern auch ihr belastet euch, die ihr eure Gedanken ausgesprochen und dadurch in eurem Nächsten Menschliches angeregt habt, das im Umwandlungsprozess stand.

Wenn jedoch von eurem Munde Ungesetzmäßiges ausgeht, indem ihr euren Nächsten beschuldigt, beschimpft und ihm Übles nachsagt – auch dann, wenn er es über Zweite oder Dritte hört –, so geht hin und bittet ihn um Vergebung. Hat er euch vergeben, so hat euch auch der ewige himmlische Vater in Mir, dem Christus, vergeben. Hat er euch jedoch nicht vergeben, so wird euch auch euer himmlischer Vater in Mir, dem Christus, nicht vergeben können. Die Liebe des Vater-Mutter-Gottes jedoch wird das noch starre Herz mehr und mehr berühren, auf dass sich der Mensch rascher besinnt und euch vergibt, so dass euch auch Gott in Mir, dem Christus, vergeben kann und dann alles getilgt und umgewandelt ist, was einst gegensätzlich war.

Hütet euch vor eurer eigenen Zunge! Denn was von eurem Munde an Ungesetzmäßigem ausgeht, kann eurem

Nächsten und euch selbst einen weit größeren Schaden zufügen als eure Gedanken, die ihr rechtzeitig, bevor sie zur Wirkung kommen, erkennt und Mir, dem Christus in euch, übergeben habt.

Erkennet eine weitere Gesetzmäßigkeit: Gedanken seht und hört ihr nicht – und doch sind sie da. Sie schwingen in die Atmosphäre, und wer Gleiches oder Ähnliches denkt, den können sie beeinflussen. So ihr sie rechtzeitig Mir übergebt, so sind sie aufgehoben – es sei denn, die Seele eures Nächsten hat sie schon in sich registriert. Dann werdet ihr so geführt, dass ihr diesem Menschen, über den ihr negativ gedacht habt, Gutes tun könnt. Und so ihr selbstlos Gutes tut, ohne eure ehemaligen Gedanken auszusprechen, dann wird in der

Seele dessen, über den ihr gegensätzlich gedacht habt, das gelöscht, was er schon in seine Seele aufgenommen hatte. Dann ist auch in euch gelöscht, was eure Seele ausgestrahlt hat.

Vergib – und bitte um Vergebung

Werde schnellstens einig mit deinem Widersacher, solange du noch mit ihm auf dem Wege bist, auf dass dich dein Widersacher nicht einst dem Richter überantwortet, und der Richter überantwortet dich dem Schergen, und du wirst nicht früher herauskommen, bis du nicht den letzten Pfennig bezahlt hast. (Kap. 25,12)

Christus erklärt, berichtigt und vertieft das Wort:

„Werde schnellstens einig mit deinem Widersacher, solange du noch mit ihm auf dem Wege bist" heißt: Lass die Sünde, die

du an deinem Nächsten begangen hast, nicht anstehen! Bereinige sie so rasch wie möglich, denn noch ist er mit dir auf dem Lebensweg im Erdendasein. Ist seine Seele von der Erde gegangen, dann musst du unter Umständen warten, bis wieder eine Begegnung stattfinden kann und du ihn um Vergebung bitten kannst.

Erkennet: Der Richter ist das Gesetz von Saat und Ernte. Wird dieses wirksam, dann wird der Mensch so lange nicht herauskommen, bis er *„den letzten Pfennig"* bezahlt hat – bis also alles gesühnt ist, was er verursacht und nicht rechtzeitig bereut hat.

Nutzt deshalb die Chance, euren Nächsten um Vergebung zu bitten und ihm zu vergeben, solange ihr mit ihm noch auf dem Weg über die Erde wandert und die Sünde sich noch nicht in die Seele eingegraben hat und zur Ursache geworden ist. Wer nicht vergibt und nicht um Vergebung bittet, der hat die Wirkung zu tragen, bis er „den letzten Pfennig bezahlt" hat.

Werdet also so rasch wie möglich eins mit eurem Nächsten. Haben die Ursachen – z.B. Streit, Missgunst oder Neid – bereits in eurer Seele Wurzeln gefasst und ist dies auch in eurem Nächsten geschehen, gegen den ihr seid, dann ist es möglich, dass euer Nächster euch nicht so rasch vergibt – auch dann nicht, wenn ihr eure Sünde erkannt und bereut habt. Denn in seiner Seele kann sich der Schuldkomplex verfestigt haben durch die gleiche oder ähnliche Denkweise, die ihr in ihm ausgelöst habt. Durch euer sündhaftes Verhalten, das ihr über längere Zeit genährt habt, hat auch er den Groll gegen euch in seiner Seele gefördert – und hat so, wie auch ihr, ein umfangreiches gegensätzliches Energiefeld geschaffen, einen Schuldkomplex, der nun von euch beiden bearbeitet werden muss. Die Bereinigung kann noch in diesem Erdendasein auf euch zukommen oder erst in den Seelenreichen oder in weiteren Inkarnationen.

Erkennet: Bevor ein Schicksal über den Menschen hereinbricht, wird er vom Geiste des Lebens, der auch das Leben der Seele ist, und auch vom Schutzgeist oder durch Menschen ermahnt. Die Ermahnungen aus dem Geiste sind feinste Empfindungen, die aus der Seele strömen oder die der Schutzgeist in die Empfindungs- oder Gedankenwelt des Menschen einfließen lässt. Sie ermahnen den Menschen, umzudenken oder zu bereinigen, was er verursacht hat. Der ewige Geist des Lebens und der Schutzgeist können auch Menschen anregen, auf denjenigen zuzugehen, der kurz vor einem Schicksalsschlag steht. Sie kommen sodann auf den Betroffenen zu und beginnen ein Gespräch, das sich wie von selbst auf die Angelegenheit bezieht. Daraus könnte dann die Ursache für das sich anbahnende Schicksal erkannt und bereinigt werden.

Ihr erkennt also, dass das ewige Licht auf mannigfache Art und Weise Ermahnungen und Hinweise gibt – sowohl dem Nächsten, mit dem ihr Ursachen geschaffen habt, als auch euch selbst.

Auch durch Impulse über Tagesereignisse wird der Mensch rechtzeitig ermahnt, bevor das von ihm Verursachte als Schicksal über ihn hereinbricht.

Wer solche Hinweise ernst nimmt und das, was er an Sünde erkannt hat, durch Reue, Vergeben, die Bitte um Vergebung und Wiedergutmachen bereinigt, der muss nicht das von ihm Verursachte tragen. Ist die Sünde groß, dann ist es möglich, dass er davon einen Teil zu tragen hat, jedoch nicht das Ganze, das aus der Seele herausbrechen wollte. Wer jedoch alle Ermahnungen übersieht und überhört, weil er sich mit menschlichen Dingen betäubt, der wird seine selbstgeschaffenen Ursachen zu tragen haben, bis *„der letzte Pfennig bezahlt"* ist.

Liebe deine Feinde

Ihr habt gehört, dass gesagt ist: Du sollst deinen Nächsten lieben und deinen Feind hassen. Ich aber sage euch, die ihr hört: Liebet eure Feinde, tut Gutes denen, die euch hassen. (Kap. 25, 13)

Christus erklärt, berichtigt
und vertieft das Wort:

Das Gebot des Lebens lautet: „*Liebet eure Feinde, tut Gutes denen, die euch hassen.*“

Jeder Mensch sollte in jedem Mitmenschen seinen Nächsten, seinen Bruder und seine Schwester, sehen. Auch in den scheinbaren Feinden sollt ihr eure

Nächsten erkennen und euch bemühen, sie selbstlos zu lieben.

Der scheinbare Feind kann dir sogar ein guter Spiegel zur Selbsterkenntnis sein, dann, wenn du dich wegen der Feindseligkeit – die viele Gesichter haben kann – erregst; denn wenn euch etwas an eurem Nächsten erregt, liegt Gleiches oder Ähnliches in euch selber vor.

Kannst du jedoch deinem Nächsten, der dich beschuldigt und angeklagt hat, ohne größere Erregung vergeben, dann liegt bei dir keine Entsprechung vor; du hast also nicht Gleiches oder Ähnliches in dir und deshalb hierfür keine Resonanz in deiner Seele. Es ist möglich, dass du das, wessen du beschuldigt wurdest, schon in Vorleben bereinigt oder gesühnt hast – oder auch noch nie in deiner Seele aufgebaut hast. Es lag dann nur in der Seele dessen, der gegen dich gedacht, gesprochen und dich beschuldigt hat. Wenn also in dir keine Erregung anklingt, kein Echo aus deiner Seele kommt, dann warst du für ihn der Spiegel. Ob er in diesen Spiegel für sein menschliches Ich schaut oder nicht – das überlasse Gott und ihm, Seinem Kind.

Erkenne: Allein schon durch deinen Anblick regte sich sein Gewissen und spiegelte ihm zu, dass er einst über dich z.B. gegensätzlich gedacht und gesprochen hat. Nun hat er die Möglichkeit, das zu bereinigen. Tut er dies, indem er bereut und fortan nicht mehr Gleiches oder Ähnliches denkt oder tut, dann ist es in seiner Seele behoben, also umgewandelt. Dann erst wird er dich mit den Augen des Inneren Lichtes sehen.

Ein Zeichen dafür, dass sich in einer Seele Gegensätzliches zum Positiven gewandelt hat, ist das Wohlwollen und Verständnis dem Nächsten gegenüber.

Segnet, die euch fluchen

Segnet, die euch fluchen, und betet für die, die euch aus Bosheit missbrauchen. Auf dass ihr Kinder seid eures Vaters, der im Himmel ist, und der die Sonne aufgehen lässt über dem Bösen und über dem Guten und Regen sendet über den Gerechten und den Ungerechten. (Kap. 25, 14)

Christus erklärt, berichtigt
und vertieft das Wort:

Wer diese Gebote hält, der ist gegenüber seinen Mitmenschen gerecht und wird durch sein Leben in Gott viele Menschen zum Leben in Gott führen.

Gott straft und züchtigt Seine Kinder nicht. Das sagen schon die Worte: „... der die Sonne aufgehen lässt über dem Bösen und über dem Guten und Regen sendet über den Gerechten und den Ungerechten."

Gott ist der Geber des Lebens, weil Er selbst das Leben ist. Aus dem ewigen Gesetze des Lebens gab Gott den Menschen den freien Willen zur freien Entscheidung für oder gegen Ihn. Wer für Ihn ist, der hält die ewigen Gesetze der Liebe und des Lebens und wird auch vom ewigen Gesetz die Gaben der Liebe und des Lebens empfangen. Wer gegen das ewige Gesetz empfindet, denkt und handelt, der empfängt das, was er gesät, also empfunden, gedacht, gesprochen und getan hat.

Jeder empfängt also, was er selbst gesät hat. Wer gute Saat sät, also Gottes Gesetze erfüllt, wird auch gute Früchte ernten. Wer menschliche Saat sät, die er als menschliche Empfindungen, Gedanken, Worte und Taten in den Acker seiner Seele einbringt, der wird auch entsprechende Früchte ernten.

Daraus erkennt ihr, dass Gott nicht in den Willen des Menschen eingreift. Er ist Geber, Helfer, Mahner, Führer und Beschützer jener, die sich bemühen, Seinen Willen zu tun, weil sie sich Ihm zuwenden. Wer sich von Ihm abwendet, indem er sein eigenes, menschliches Gesetz schafft, der wird auch von seinem eigenen, menschlichen „Ichheitsgesetz" gesteuert werden.

Gott greift also nicht in das Gesetz von Saat und Ernte ein. Gott kommt Seinen Kindern auf mannigfache Art und Weise entgegen, und die, die Ihn von Herzen bitten und erfüllen, was Ich, Christus in Gott, Meinem Vater, ihnen geboten habe – einander selbstlos zu lieben –, die sind in Gott, und Gott wirkt durch sie.

Nimm deine Nächsten von Herzen an

Denn so ihr die liebet, die euch lieben, was für Lohn werdet ihr haben? Denn auch die Sünder lieben, die sie lieben. Und wenn ihr Gutes tut denen, die euch Gutes tun, was für Lohn werdet ihr haben? Denn auch Sünder tun dasselbe. Und so ihr nur eure Brüder grüßet, was tut ihr mehr denn die anderen? Tun so nicht auch die Zöllner? (Kap. 25, 15)

Christus erklärt, berichtigt und vertieft das Wort:

Nimm also deinen Nächsten in deinem Herzen an und auf, auch dann, wenn er dich nicht liebt, auch dann, wenn er dir nicht beisteht und dich missachtet, indem er dir den Gruß verwehrt. Liebe du ihn! Stehe du ihm selbstlos bei, und grüße du ihn – und sei es nur in Gedanken, wenn er mit Worten nicht gegrüßt werden möchte. Auch ein Herzensgruß, der in Gedanken gegeben wird, geht in seine Seele ein und bringt zur rechten Zeit gute Früchte.

Achtet also darauf, dass ihr euch wie die Sonne verhaltet, die gibt – ob der Mensch sie sehen oder nicht sehen möchte, ob er sich Regen oder Sturm wünscht, ob er nach Kälte oder nach Wärme verlangt.

Gebt die selbstlose Liebe, wie die Sonne der Erde gibt, und achtet alle Menschen, alles Sein. Dann werdet ihr den Lohn im Himmel empfangen.

Redet nicht den Menschen nach dem Munde. Macht keine Unterschiede wie die Menschen, die sich nur zu jenen gesellen und nur mit denen sind, die ihr Denken und Tun teilen und die Andersdenkende und Andershandelnde verurteilen.

Binde dich nicht an Menschen oder Dinge

Und wenn du etwas wie dein Leben begehrst, aber es führet dich von der Wahrheit ab, lasse ab davon, denn es ist besser, in das Leben einzugehen und die Wahrheit zu besitzen, als es zu verlieren und in die äußere Finsternis gestoßen zu werden. (Kap. 25, 16)

Christus erklärt, berichtigt und vertieft das Wort:

Was der Mensch für sich persönlich begehrt, ist auf den Menschen, auf sein niederes Ich, bezogen. Alles dies ist Bindung. Bindung heißt gebunden sein an Menschen und Dinge. Wer sich an

Menschen und Dinge bindet, wer also an etwas gebunden ist, der verringert den Fluss der kosmischen Energien.

Wenn du einen Menschen allein deiner Vorteile wegen an dich bindest, dann verfolgst du mit deinem Eigenwillen Interessen, die dich vom Leben in Mir, dem Christus, abbringen. Damit verlässt du das unpersönliche, selbstlose Leben, verstrickst dich in Besitzen-, Sein- und Habenwollen und verarmst in deinem Inneren an geistigem Leben. Wenn du nicht rechtzeitig vom Besitzen-, Sein- und Habenwollen ablässt, wirst du einst alles verlieren.

Wenn du dich in den Wirkungen – etwa durch den Verlust deines Hab und Gutes oder in der Krankheit oder in der Not und im Leid – nicht selbst erkennst und dann auch nicht bereust und wiedergutmachst, wirst du als Seele und als Mensch in der Finsternis wandeln, weil du nur auf dich, auf dein persönliches Wohl, bedacht warst.

Deshalb erkenne dich jeden Tag aufs Neue, und verwirkliche täglich die Gesetze Gottes, und lasse davon ab, etwas für dein persönliches Ich zu begehren. Bleibe wahrhaftig – und so dem Gesetze Gottes treu. Dann wirst du in das Leben, das dein wahres Sein ist, eingehen – und du wirst reich sein in dir, weil du in dir den Himmel erschlossen hast.

Wer kein Gefäß der Wahrheit ist, in den kann auch die Wahrheit, die unpersönlich ist, nicht einfließen. Ein solcher Mensch ist nur auf sich selbst bezogen und sammelt nur für sich selbst. Dieses Verhalten führt dazu, dass er sich von Gottes ewig fließender Kraft abwendet und ein „Tümpelleben" führt. In den Tümpel fließt nur Gegensätzliches ein und wenig ab. Das bedeutet, dass er das am eigenen Leib spüren wird, was er in seinem Tümpel angesammelt hat.

Die ewige Wahrheit fließt hingegen in dem Menschen und durch den Menschen, der ein Gefäß der Wahrheit ist. Er empfängt von Gott und gibt aus Gott und wird somit zum Quell des Lebens für viele. Die kosmische Lebensenergie, der Quell allen Seins, fließt durch alle Seinsformen und durch jene Menschen und Seelen, die sich Gott zugewandt haben, also zum Gefäß Gottes geworden sind.

Erkennet: Die ewig strömende Kraft fließt nur durch den Menschen und die Seele, die nicht für eigensüchtige Zwecke sammeln, sondern selbstlos geben. Nur durch den selbstlos Gebenden fließt unaufhörlich der Strom Gottes! Kann Gott durch den Menschen ungehindert hindurchströmen, dann lebt der Mensch in der Wahrheit, in Gott, in dem Leben, das ewig währt. Nur solche Menschen geben aus Mir, dem Leben, weil sie in Mir, dem Leben und der Wahrheit, stehen.

Werde vollkommen wie dein Vater im Himmel

Und wenn du etwas begehrst, das anderen Pein und Kummer bereitet, reiß' es aus deinem Herzen. Nur so wirst du Frieden erlangen. Denn es ist besser, Kummer zu erleiden, als jenen Kummer zu bereiten, die schwächer sind als ihr.

Seid also vollkommen, wie euer Vater im Himmel vollkommen ist. (Kap. 25, 17-18)

Christus erklärt, berichtigt und vertieft das Wort:

Alles, was an Ungöttlichem von dir ausgeht – wie gegensätzliche Gedanken, Worte und Taten –, kann nicht nur deinem Nächsten Pein und Kummer bereiten, sondern auch dir selbst. Denn was der Mensch sät, das wird er ernten.

Die Ernte entspricht der Saat. Sie wird immer von dem geerntet, der gesät hat – nicht von seinem Nächsten. Dein Nächster hat nicht deine Saat gesät und wird auch nicht deine Ernte ernten.

Deine Samen können jedoch Flugsamen sein – wie die Samen verschiedener Blumenarten, die vom Wind nach der Blütezeit fortgetragen werden und dort Wurzeln fassen, wo sie sich festhalten können. So können auch deine Gedanken, Worte und Taten wie Flugsamen in den Seelenacker deines Nächsten fallen und aufgehen, wenn sie dort gleiche oder ähnliche Bedingungen vorfinden.

Gleiches oder Ähnliches wie in dir liegt in ihm zugrunde, wenn er sich über deine Worte und Handlungen erregt und ärgert, du ihm damit Kummer bereitest und er, angeregt von deinem Flugsamen, Gleiches oder Ähnliches denkt, spricht und tut. Du jedoch hast es ausgelöst und kannst im Gesetz von Saat und Ernte zur Rechenschaft gezogen werden. Dir ist geboten, deinen Nächsten selbstlos zu lieben und ihm zu dienen und zu helfen – und nicht, durch dein Verhalten ihm Pein und Kummer zu bereiten.

Wenn sich dann dein Nächster durch dein ungesetzmäßiges Verhalten belastet, weil du in seinen Seelenacker eingedrungen bist und Ursachen zum Schwingen gebracht hast, unter denen er später schwer zu leiden und zu tragen hat, so bist du an ihn gebunden. Und so er auf dein Verhalten hin ebenfalls ungesetzmäßig reagiert, ist er wiederum an dich gebunden. In dieser oder in einer anderen Daseinsform werdet ihr dies miteinander zu bereinigen haben.

Erkennet: Ein kleiner, unscheinbarer Flugsame menschlichen Ichs kann eine große Ursache schaffen, die ihre Wirkung schon in sich trägt.

Erkennet also: Jede Ursache muss behoben werden!

Ein weiteres Beispiel: Wenn du deine negativen Gedanken, Worte und Taten gleich Flugsamen aussendest und dein Nächster hört, was du über ihn sprichst, er jedoch keine Notiz davon nimmt, weil er im Acker seiner Seele hierfür keine

Entsprechungen hat, dann wirst nur du dich belasten und du bist an ihn gebunden – nicht er an dich. Dein Nächster kann in den Himmel eingehen, weil er deine negativen Samen nicht an- und aufgenommen hat, da er nicht Gleiches oder Ähnliches dachte und sprach wie du. Hast du jedoch in deinem Nächsten durch dein Fehlverhalten Ursachen angestoßen, die in ihm nicht hätten zur Wirkung kommen müssen, da er sie in späterer Zeit ohne Pein und Kummer hätte bereinigen können, so trägst du die größere Schuld und musst den Teil tragen, den du an deinem Nächsten verursacht hast.

Musst du also Pein und Kummer erdulden, dann gib nicht deinem Nächsten die Schuld an deinem Zustand. Du selbst bist der Urheber – und nicht dein Nächster. Deine Pein und dein Kummer sind das Saatgut in deiner Seele, das aufgegangen ist – und sich in oder an deinem Leib als Ernte zeigt.

Allein Ich, Christus, dein Erlöser, kann dich davon frei machen – und nur dann, wenn du bereust und Gleiches oder Ähnliches nicht mehr tust. Dann ist die Last von deiner Seele genommen, und es wird dir besser ergehen.

Erkennet: Wer seine Pein und seinen Kummer als seine eigene Saat erkennt und sein Leid annimmt, der zeigt wahre innere Größe. Dies ist ein Zeichen geistigen Wachstums; das geistige Wachstum führt allmählich in die Vollkommenheit.

Das reine Wesen ist vollkommen; es ist das Ebenbild des Vater-Mutter-

Gottes. Es lebt in Gott, und Gott lebt durch das reine Wesen.

Selig, die reinen Herzens sind, denn sie werden Gott schauen – weil sie wieder Ebenbilder des himmlischen Vaters geworden sind. Aus einem reinen, gottergebenen Herzen entströmen Sanftmut und Demut.

Gehe den Weg nach innen

Habt Acht, dass ihr eure Almosen nicht vor den Leuten gebt, um von ihnen gesehen zu werden. Ihr habt sonst keinen Lohn bei eurem Vater im Himmel. Wenn du Almosen gibst, sollst du es nicht ausposaunen, wie es die Heuchler tun in den Synagogen und auf den Straßen, auf dass sie von den Leuten gepriesen werden. Wahrlich, Ich sage euch, sie haben bereits ihren Lohn.

Wenn du aber Almosen gibst, so lass deine linke Hand nicht wissen, was deine rechte Hand tut, damit dein Almosen im Verborgenen bleibe; und der Eine, der ins Verborgene sieht, wird es dir öffentlich anerkennen. (Kap. 26, 1-2)

Christus erklärt, berichtigt und vertieft das Wort:

Die gelebte Bergpredigt ist der Innere Weg zum Herzen Gottes. Was der Mensch nicht selbstlos tut, das tut er für sich selbst. Die Selbstlosigkeit ist Gottesliebe. Der Eigennutz ist Menschenliebe. Wer seinem Nächsten nur dann Gutes tut, wenn dieser ihm dafür dankt und seine guten Taten rühmt, der hat es nicht für seinen Nächsten getan, sondern für sich selbst. Der Dank und das Lob sind sodann sein Lohn. Er ist damit schon entlohnt und wird von Gott keinen Lohn mehr empfangen. Nur die Selbstlosigkeit wird von Gott belohnt. Die Selbstlosigkeit wächst und reift nur in dem Menschen, der die ersten Schritte zum Königreich des Inneren getan, also verwirklicht, hat.

Die ersten Schritte dahin sind die Kontrolle der Gedanken: Setze an die Stelle ichbezogener, negativer, grüblerischer oder leidenschaftlicher Gedanken positive, hilfreiche, freudige, edle Gedanken und Gedanken an das Gute im Menschen und in allem, was dir begegnet. Dann wirst du allmählich deine Sinne unter Kontrolle bekommen. Du wirst dann auch von deinem Nächsten nichts mehr begehren und nichts mehr von ihm erwarten. Du wirst im weiteren Verlauf des Inneren Weges nur noch Positives und Wesentliches reden. Dadurch bekommst du dein menschliches Ich unter Kontrolle, weil du in dir zu ruhen gelernt hast. Dann lichtet sich deine Seele immer mehr, und du findest in allem, was auf dich zukommt, das Gute, das du sodann auch in rechter Weise an- und auszusprechen vermagst. Hast du dies gelernt, dann wirst du auch das Gegensätzliche gesetzmäßig ansprechen. Auf diese Weise erwachen in dir Aufrichtigkeit und Ehrlichkeit, und du hältst dabei Gott in allem die Treue.

Dieser geistige Evolutionsprozess zur Selbstlosigkeit ist der Innere Weg zum Herzen Gottes. Alles, was du aus Selbstlosigkeit tust, bringt dir mannigfache Früchte.

Wenn also deine Empfindungen ohne Erwartungen sind und deine Gedanken edel und gut, dann ist in deinen Worten und deinen Taten die Kraft aus Gott. Diese Kraft ist Meine Lebensenergie. Sie geht in die Seele deines Nächsten ein und bewirkt, dass dein Nächster ebenfalls selbstlos wird. Denn was von deiner lichten Seele ausgeht, das geht – früher oder später, je nachdem, wann sich der Nächste dafür öffnet – auch in die Seele und in das Gemüt deines Nächsten ein.

Wer selbstlos gibt, fragt nicht, ob der Nächste auch erfährt, was er gegeben hat. Der Selbstlose gibt! Er weiß, dass Gott, der ewige Vater, in das Herz aller Seiner Kinder schaut und dass der Ewige, dessen Geist in jedem Menschen wohnt, den Selbstlosen dann belohnt, wenn hierfür die Zeit gekommen ist. Das allein ist von Bedeutung.

Erkennet: Alle guten, also selbstlosen Werke werden rechtzeitig offenbar, auf dass es jene erkennen, die es sehen sollen, um ebenfalls selbstlos zu werden, indem auch sie das Leben in Mir annehmen und anstreben – und das tun, was Ich ihnen geboten habe: sich untereinander selbstlos zu lieben, wie Ich, der Christus, sie liebe.

Lerne rechtes Beten

Und wenn du betest, sollst du nicht sein wie die Heuchler, die gerne beten in den Synagogen und an den Straßenecken, auf dass sie von den Leuten gesehen werden. Wahrlich, Ich sage euch, sie haben bereits ihren Lohn.

Wenn du aber betest, so gehe in deine Kammer, und wenn du die Türe geschlossen hast, bete zu deinem himmlischen Vater, der im Verborgenen ist; und der verborgene Eine, der ins Verborgene sieht, wird es dir öffentlich anerkennen. (Kap. 26, 3-4)

Christus erklärt, berichtigt und vertieft das Wort:

Wenn du betest, dann ziehe dich in eine stille Kammer zurück und versenke dich in dein Inneres, denn in dir wohnt des Vaters Geist, dessen Tempel du bist.

Wenn du nur betest, um gesehen zu werden, damit dich deine Nächsten für fromm und gläubig halten, so sage Ich dir: Das ist keine Frömmigkeit, sondern Frömmelei; es ist Heuchelei. Solche veräußerlichten Gebete sind ohne Kraft. Wer nur mit den Lippen betet oder um gesehen zu werden, der sündigt wider den Heiligen Geist, denn er missbraucht heilige Worte zum Eigennutz.

Erkenne: Wenn du im Gebet Gott ansprichst und in deinem Leben nicht wahr machst, worum du gebetet hast, wenn also deine Gebete nur eine Darstellung deines Ichs sind und nicht aus der Tiefe deiner Seele kommen und nicht von der Liebe zu Gott beseelt sind, dann sündigst du wider den Heiligen Geist. Das ist die größte Sünde.

Wenn deine Gebete nicht selbstlos aus dem Herzen strömen, dann wäre es besser, du würdest nicht beten und dir zuerst deine Gedanken und menschlichen Wünsche bewusst machen und sie allmählich Mir übergeben – auf dass die selbstlose Liebe, die in dir ist, auch in dir wächst und du von Herzen zu beten vermagst. Dann werden deine Gebete allmählich beseelt und durchdrungen sein von der Liebe zu Gott und zu deinem Nächsten.

„... *und der verborgene Eine, der ins Verborgene sieht, wird es dir öffentlich anerkennen*“ heißt: Deine Lichtgedanken und kraftvollen Gebete, die von der Liebe zu Gott beseelt sind, werden noch in dieser Welt Früchte tragen. Du darfst deine Saat der Liebe erkennen, und auch dich werden viele erkennen als einen Quell der Liebe.

Finde zur Wahrheit in dir

Und wenn ihr gemeinsam betet, gebraucht keine leeren Wiederholungen wie die Heiden, denn diese meinen, sie werden erhört, wenn sie viele Worte machen. Darum sollt ihr es ihnen nicht gleichtun; denn euer Vater im Himmel weiß, was ihr bedürfet, bevor ihr bittet ... (Kap. 26, 5)

Christus erklärt, berichtigt
und vertieft das Wort:

Nur der Mensch, der aus dem Gesetz der Wahrheit wenig verwirklicht hat, gebraucht im Gebet und im täglichen Leben viele Worte und leere, unbeseelte Wiederholungen.

Wer vom Gesetz der Wahrheit und des Lebens viel spricht, also viele Worte darum macht, der kann sie nicht mit Kraft und Leben erfüllen, weil er selbst nicht vom Gesetz Gottes erfüllt ist. Solche Worte sind ichbezogene und deshalb lieblose Worte, auch wenn sie so gewählt sind, als seien sie von der Liebe getragen. Unbeseeltes Reden gelangt nicht in das Innerste der Seele deines Nächsten und hat dadurch auch kein Echo in dem Menschen, der Gottes Liebe in und durch sich walten lässt. Wer unbeseelt über das Gesetz der Wahrheit und des Lebens spricht, das er jedoch nicht verwirklicht, regt bei einem Menschen, der dies hört und der ebenfalls noch nach außen orientiert ist, nur zu Diskussionen an.

Erkennet: Wer über geistige Gesetzmäßigkeiten diskutiert, der kennt die Gesetze Gottes nicht. Jeder, der diskutieren will, ist überzeugt, dass er es besser weiß als sein Nächster und will sich dies selbst bestätigen. Wer diskutiert, gibt nur Zeugnis von sich selbst, nämlich: dass er nichts weiß und unsicher ist. Deshalb diskutiert er.

Wer jedoch zur Wahrheit gefunden hat, der diskutiert nicht über die Wahrheit, auch nicht über das, was Glaube ist. Das Wort „Glaube" enthält auch Nichtwissen: Was der Mensch letztlich nicht weiß oder nicht beweisen kann, das glaubt er. Wer an die Wahrheit glaubt, der hat die ewige Wahrheit noch nicht gefunden. Er bewegt sich auch noch nicht im Strom der ewigen Wahrheit. Glaube ist also noch Blindheit.

Wer jedoch zur ewigen Wahrheit gefunden hat, der muss nicht mehr an die Wahrheit glauben – er weiß die Wahrheit, weil er sich im Strom der Wahrheit bewegt. Das ist der wahre weise Mensch, der in sich den Schatz, die Wahrheit, gehoben hat. Wahre Weise ruhen in sich. Das ist innere Sicherheit und Festigkeit. Sie diskutieren nicht über den Glauben, weil sie vom Glauben zur Weisheit, die Wahrheit ist, gefunden haben.

Wer also nur an Gott glaubt, ohne die Tiefe der ewigen Wahrheit, das ewige Gesetz, zu kennen, macht viele Worte um seinen Glauben.

Auch mit seinen Gebeten wird er es ähnlich halten: Er macht viele Worte, da er seine Worte nicht mit selbstloser Liebe beseelt. Er ist der Ansicht, mit vielen Worten Gott überzeugen oder Ihn gar überreden zu können. Er glaubt, sich vor Gott verständlich machen zu müssen, da er annimmt, Gott könnte seine Gebete anders verstehen, als er sie gemeint hat. Ähnlich denken und beten die Heiden.

Erkennet: Je tiefer der Mensch in die göttliche Wahrheit eintaucht, umso weniger Worte gebraucht er auch im Gebet. Seine Gebete sind kurz, doch kraftvoll, weil das Wort gelebte Kraft ausstrahlt.

Verwirklichte deine Gebete

Darum sollet ihr, wenn ihr beisammen seid, so beten:

Unser Vater, der Du bist im Himmel, geheiligt sei Dein Name. Dein Reich komme. Dein Wille geschehe auf Erden wie im Himmel. Unser tägliches Brot gib uns Tag für Tag und die Frucht des lebendigen Weinstockes. Und wie Du uns vergibst unsere Sünden, so mögen auch wir vergeben die Sünden anderer. Verlasse uns nicht in der Versuchung. Erlöse uns vom Bösen. Denn Dein ist das Reich und die Kraft und die Herrlichkeit in alle Ewigkeit. Amen. (Kap. 26, 5-6)

Christus erklärt, berichtigt und vertieft das Wort:

Das Gemeinschaftsgebet, das Vaterunser, wird mit unterschiedlichen Worten und Inhalten gebetet, weil jede Gemeinschaft es so betet, wie es dem Liebepotential der Gemeinschaft entspricht.

Als Jesus von Nazareth lehrte Ich das Gemeinschaftsgebet, das Vaterunser, in Meiner Muttersprache, also mit anderen Worten und so auch mit anderen Inhalten, als es in späteren Zeiten und anderen Sprachen gebetet wurde.

Die Worte als solche sind unwesentlich. Wichtig ist, dass der Mensch verwirklicht, was erbetet! Dann ist jedes Wort, das aus seinem Munde kommt, beseelt mit Liebe, Kraft und Weisheit.

Ihr sollt nicht dem Buchstaben nach beten oder danach trachten, das Vaterunser, das Ich die Meinen gelehrt habe, wortgetreu zu beten. Wesentlich ist, dass ihr die Worte eurer Gebete mit der Liebe zum Ewigen und zu eurem Nächsten beseelt und dass der Inhalt eurer Gebete eurem Leben entspricht.

Menschen, die von der ewigen Wahrheit, der Liebe und Weisheit Gottes, erfüllt sind, werden wieder anders beten als jene, die nur beten, weil es ihnen so gelehrt wurde oder weil sie einer Konfession angehören, in welcher die Gebete entsprechend dem Bewusstsein der Konfession gesprochen werden.

Menschen auf dem Weg zu ihrem göttlichen Ursprung beten frei, das heißt mit selbstgewählten Worten, die von Liebe und Kraft beseelt sind. Menschen, die in Meinem Geiste leben, die von Gottes Liebe und Weisheit durchdrungen sind, die also Gottes Gesetze im täglichen Leben verwirklichen, werden vor allem Gott für ihr Leben und für alles danken, Ihn loben und preisen und Ihm mehr und mehr ihr Leben weihen – in Empfindungen, Gedanken, Worten und Werken –, weil sie Leben aus Seinem Leben geworden sind.

Menschen im Geiste des Herrn leben das Gebet. Das heißt, sie erfüllen mehr und mehr die Gesetze des Ewigen und sind selbst zum Gebet geworden, das eine Anbetung Gottes ist.

Wer also Gottes Willen erfüllt, lebt immer mehr in der Anbetung Gottes.

Solche Menschen halten nicht nur die Gesetze Gottes, sondern sind weitgehend zum Gesetz der Liebe und Weisheit geworden.

Im heranreifenden Friedensreiche Jesu Christi, in dem Ich der Herrscher und das Leben Bin, werden die Menschen das Gesetz Gottes mehr und mehr halten. Viele von ihnen sind zum Gesetz geworden – und so zu Gottmenschen, die das Leben, Gott, in allem verkörpern, was sie denken, reden und tun. Ihre Gebete sind das Leben in Mir, die Erfüllung des ewigen Gesetzes. Mit ihrem Leben, welches das Gesetz Gottes ist, danken sie Gott für das Leben.

Der Dank an Gott ist also das Leben in Gott. Ihr Leben, das ein einziger Dank ist, strömt in das Friedensreich hinein.

Sie beten sinngemäß mit folgenden Gebetsworten, die sie im täglichen Leben erfüllen:

Vater unser, Dein Geist ist in uns,
und wir sind in Deinem Geiste.

Geheiligt ist Dein ewiger Name
in uns und durch uns.
Du bist der Geist des Lebens,
Du bist unser Vater Ur.
Aus Dir tragen wir unsere ewigen
Namen.
Du, Ewiger, hast sie uns gegeben
und in unsere Namen die ganze Fülle
der Unendlichkeit gelegt.

Unsere Namen, die Du uns
eingehaucht hast,

sind die Liebe und Weisheit –
die Fülle aus Dir,
das Gesetz in uns und durch uns.
Unser Ewiges Reich
ist die Unendlichkeit –
die Kraft und die Herrlichkeit
in und aus Dir.

Wir sind Erben des Ewigen Reiches.
Deshalb sind wir das Reich selbst,
die ewige Heimat.
Sie ist in uns und wirkt durch uns.
Dein unendlicher, herrlicher Wille ist
in uns und wirkt durch uns.
Deine Willenskraft ist unsere Willens-
stärke.
Sie wirkt in uns und durch uns,
denn wir sind
Geist aus Deinem Geiste.

Der Himmel ist nicht Raum und Zeit –
Himmel und Erde sind eins,
weil wir in Dir geeint sind.
Die Liebe und Kraft
in uns und durch uns
ist unser täglich Brot.

Du, o ewiger, herrlicher Vater,
hast alles in uns hervorgebracht,
was in der Unendlichkeit schwingt.
Du schaffst durch uns im Himmel
und auf der Erde.
Wir sind in Dir, und Du waltest in uns
und durch uns.
Wir sind erfüllt in Deinem Geiste,
da wir Geist aus Deinem Geiste sind.
Wir sind reich in Dir,
da wir unser Erbe,
die Unendlichkeit aus Dir, leben.

Unser ewiges Erbe,
Geist aus Deinem Geiste,
bringt für uns das hervor,
was wir als Menschen im Friedens-
reich benötigen.

Wir leben in Dir und aus Dir.
Leben verströmt und verschenkt sich.
Wir leben in der Fülle aus Gott,
weil wir selbst die Fülle sind.
Die Erde ist der Himmel
und das Friedensreich der Reichtum
der Erde,
in dem wir leben und sind –
Geist aus Deinem Geiste.
Wir leben im inneren Reich –
und sind doch Menschen,
die im Äußeren verkörpern,
was im Inneren strahlt.

Der Name des Herrn ist gepriesen,
Er ist Leben in und durch uns.
Der Name Gottes ist
gelebtes Gesetz der Liebe
und der Freiheit.
Die Sünde ist gewandelt –
das Licht ist eingekehrt.

Wir leben aus Seinem Lichte
und leben in und aus Seinem Geiste,
da wir Geist aus Seinem Geiste sind.

In Gott ist alles abgegolten.
Sein Name hat alles rein gemacht.
Gottes Herrlichkeit sei gepriesen!
Gottes Wille, Liebe und Weisheit
durchdringen die Erde und das Land.
Wir selbst sind Erde und Land –
Wille, Liebe und Weisheit.

In uns ist Gottes Güte –
das Gute aus Gott.
Wir sind in Gott und wirken aus Gott.
Die Erde ist des Herrn –
sie ist das Reich der Liebe.
Es wirkt in uns und durch uns.

Das Leben, die Herrlichkeit des Vaters,
wirkt in uns und durch uns –
von Ewigkeit zu Ewigkeit.

Sinngemäß ist dieser Lobpreis das Leben derer, die im Friedensreich Jesu Christi leben. Sie leben in Mir, dem Christus, und Ich lebe durch sie; und zusammen leben wir im Vater-Mutter-Gott, und der Vater lebt durch uns von Ewigkeit zu Ewigkeit.

Finde im Negativen das Positive

Denn so ihr Menschen ihre Schuld vergebt, so wird euch euer himmlischer Vater auch vergeben. So ihr aber den Menschen ihre Schuld nicht vergebt, so wird euch euer Vater im Himmel eure Schuld auch nicht vergeben.

Auch wenn ihr fastet, sehet nicht niedergeschlagen aus wie die Heuchler. Denn sie verstellen ihr Angesicht, um als Menschen zu erscheinen, die fasten. Wahrlich, Ich sage euch, sie haben bereits ihren Lohn.

Und Ich sage euch, ihr werdet niemals das Himmelreich finden, es sei denn, ihr hütet euch vor der Welt und ihrer bösen

Art. Und ihr werdet niemals den Vater im Himmel sehen, es sei denn, dass ihr den Sabbat haltet und ablasst von eurem Eifer, Reichtümer zu sammeln. Wenn du aber fastest, so salbe dein Haupt und wasche dein Angesicht, damit du dich nicht darstellst vor den Leuten mit deinem Fasten. Und der heilige Eine, der ins Verborgene sieht, wird es dir öffentlich anerkennen. (Kap. 26, 7-9)

Christus erklärt, berichtigt
und vertieft das Wort:

Das Gebot, zu vergeben und um Vergebung zu bitten, hat so lange Gültigkeit, bis alles gesühnt und bereinigt ist, was nicht den ewigen Gesetzen entspricht. Das Gebot, zu vergeben und um Vergebung zu bitten, gehört zum Gesetz von Saat und Ernte. Es ist dann aufgehoben, wenn alles Menschliche abgegolten und jede Seele zum reinen, makellosen Geistwesen geworden ist.

Bis dahin also gilt das Gebot: Vergebt, und ihr werdet Vergebung erlangen. Wenn ihr um Vergebung bittet und euch euer Nächster vergibt, so hat euch auch euer Vater im Himmel vergeben. Doch so ihr um Vergebung bittet, und euer Nächster vergibt euch noch nicht, weil er hierfür noch nicht bereit ist, so wird euch auch euer ewiger Vater nicht vergeben. Wer sich an seinem Nächsten versündigt hat, der muss auch von seinem Nächsten Vergebung erlangen. Erst dann nimmt Gott die Sünde hinweg.

Der ewig Gerechte liebt alle Seine Kinder – auch jene, die noch nicht die Kraft zum Vergeben haben. Würde Er nur dem, der zu einer Sünde Anlass gegeben hat, vergeben und dem nicht vergeben, der von ihm zu einer Sünde verführt worden ist und noch nicht vergeben kann – wo wäre da die Gerechtigkeit Gottes? Beide können erst dann in den Himmel eingehen, wenn ihre Sünden abgegolten sind.

Deshalb achtet darauf, was von eurem Munde ausgeht, und achtet auf eure Taten, ob sie dem ewigen Gesetze entsprechen, also selbstlos sind! Sehr rasch ist etwas Gegensätzliches ausgesprochen oder getan – doch lange kann es dauern, bis es vergeben ist.

Wenn ihr um Vergebung gebeten habt und euer Nächster noch nicht bereit ist, euch zu vergeben, dann wird sich Gottes Gnade in euch verstärken, euch einhüllen und tragen – Er wird jedoch nicht von euch nehmen, was noch nicht bereinigt ist. Gottes Barmherzigkeit wird sich dann auch in eurem Nächsten verstärken und ihn unter Beachtung seines freien Willens so führen, dass er seine Fehler rascher erkennt, bereut und euch vergibt. Erst wenn euch alle vergeben haben, gegen die ihr euch versündigt habt – wenn also alles abgegolten ist –, dann erst könnt ihr in die Himmel eingehen, weil Gott sodann alles Menschliche in göttliche Kraft umgewandelt hat.

Gott ist allgegenwärtig. So ist Er auch im Gesetz von Saat und Ernte wirksam. Auch in allem Negativen ist das Positive, Gott, das ewige Gesetz. Wenn der Mensch seine Sünden und Fehler erkennt und bereut, dann werden in diesen die positiven Kräfte aktiv und bestärken den zur Erkenntnis seiner Schuld gelangten Menschen, seine Sünden mit der Kraft Christi zu bereinigen.

Erkennet das Gesetz Gottes; es ist ewiges Leben von Ewigkeit zu Ewigkeit – alles in allem: Alles ist in allem enthalten, im Großen das Kleinste und im Kleinsten das Große, in der Sünde die Kraft zur Vergebung und in der Kraft, die durch die Vergebung frei wird, der Aufstieg zu dem Inneren Leben, in das ewige Sein.

Deshalb kann auch im Negativen das Göttliche wirken – dann, wenn der Mensch von Herzen um Vergebung bittet, vergibt und nicht mehr sündigt. Der Mensch muss jedoch den ersten Schritt hin zum Inneren Leben tun.

Erkennet: Alles, was ihr tut – sei es, dass ihr betet, fastet oder Almosen austeilt –, wenn ihr es nicht selbstlos tut, sondern um von euren Mitmenschen gesehen zu werden, so habt ihr schon den Lohn von den Menschen. Gott wird euch dann nicht entlohnen. Und wenn ihr nur fastet eurer Körperfülle wegen, so werdet ihr den Geist eures Vaters in euch nicht vermehren. Wer jedoch die Nahrung im Namen des Allerhöchsten aufnimmt und Maß hält und von Zeit zu Zeit fastet, um seinen Körper zu entspannen und zu entschlacken, damit Gottes Kraft alle Zellen und Organe in rechter Weise zu versorgen vermag, der übt sich auch in redlicher Weise, das Leben aus Gott an- und aufzunehmen, um darin zu leben. Und er wird gleichzeitig sein Leben Gott, dem Ewigen, im Gebet weihen, um auf diese Weise allmählich zum gelebten Gebet zu werden.

Klagt nicht über eure Toten

Ebenso solltet ihr tun, wenn ihr klagt um die Toten und trauert, denn euer Verlust ist ihr Gewinn. Tut nicht wie jene, die vor den Leuten trauern und laut klagen und ihre Kleider zerreißen, auf dass die anderen ihre Trauer sähen. Denn alle Seelen stehen in der Hand Gottes, und alle jene, welche Gutes getan haben, werden ruhen mit ihren Vorfahren im Schoße des Ewigen.

Betet lieber für ihre Ruhe und ihren Aufstieg und bedenket, dass sie in dem Lande der Ruhe sind, das der Ewige für sie bereitet hat, und gerechten Lohn für ihre Taten empfangen werden, und murret nicht wie die Hoffnungslosen. (Kap. 26, 10-11)

Christus erklärt, berichtigt und vertieft das Wort:

Wer die Toten beklagt, ist noch fern vom ewigen Leben, weil er den Tod als Ende des Lebens sieht. Er hat die Auferstehung in Mir, dem Christus, noch nicht erlangt. Er zählt zu den geistig Toten.

Klagt nicht über eure Toten! Denn wer den Verlust eines Menschen beklagt, der denkt nicht an den Gewinn der Seele, die – sofern sie in Mir, dem Christus, gelebt hat – in höhere Bewusstseinsbereiche des Lebens eingeht. Denn wenn ihr Leben im Erdendasein in Gott war, so wird es auch in einer anderen Daseinsform in Gott sein.

Erkennet: Das Zeitliche, das Leben im Körper, ist nicht das Leben der Seele. Die Seele hat nur für einen kurzen Lebensabschnitt Fleisch angenommen, um im Zeitlichen das zu bereinigen und zu tilgen, was sie sich in verschiedenen Erdenkleidern auferlegt hat. Die Erde ist nur als Durchgangsstation zu sehen, auf der die Seelen im Erdenkleid in Kürze das bereinigen, was sie jenseits der Bewusstseinsschleier – auch Nebelwände genannt – nicht so rasch bewältigen können.

Wenn eine Seele ihr irdisches Kleid verlässt, so beweint der Mensch nur das Kleid der Seele und denkt dabei nicht an die Seele, die dem Kleide entschlüpft ist.

Eine lichte Seele wird nach Ablegen ihres irdischen Körpers von lichten, für den Menschen unsichtbaren Wesen in jene Bewusstseinsebene geleitet, die dem Denken und Leben des Menschen entspricht, in dem diese Seele einverleibt war.

Erkennet: Jede Seele, die den Körper verlassen hat, zieht es noch einige Zeit hin zu den Menschen, mit denen sie als Mensch zusammengelebt hat. Muss sie erfahren, dass ihre ehemaligen irdischen Anverwandten ihre Hülle betrauern, so ist das für die Seele sehr schmerzlich. Die noch erdnahe Seele erkennt sehr wohl, weshalb ihre Anverwandten nur ihre menschliche Hülle beklagen und warum sie als Seele von den Trauernden nicht beachtet wird. Eine Seele, die das erkennen muss, empfindet dabei den ersten tiefen Seelenschmerz nach dem Ablegen des physischen Leibes; denn sie erfährt, weshalb der Mensch trauert und nicht ihrer in Liebe und Verbundenheit gedenkt. Sie schaut dabei so manchen eigennützigen Gedanken ihrer ehemaligen irdischen Anverwandten. Sie kann sich ihnen nicht bemerkbar machen, weil sie von ihnen nicht wahrgenommen wird. Was sie sagt, hört der Mensch nicht, und was sie schaut, sieht er nicht. Die Seele jedoch nimmt vieles wahr.

Ich rege euch zum Nachdenken an: Klagt ihr, wenn sich die Schlange häutet, wenn sie ihre Haut zurücklässt und weiterkriecht?

Ähnlich ist es mit der Seele. Sie verlässt ihren verweslichen Leib, ihre Hülle, und wandert weiter. Ihr trauert also um den Verlust der Hülle und gedenkt nicht der Seele! Wer der Seele gedenkt, der dankt Gott, der die Seele in Seinen Schoß zurückrief, sofern diese im Erdenkleid das Leben in Gott genützt hat und dadurch Ihm näherkam. Denkt daran, dass für eine lichte Seele das Ablegen des Leibes ein Gewinn ist.

Und: So ihr nur vor den Menschen um den Verlust des Menschen trauert, heuchelt ihr ihnen etwas vor. In Wirklichkeit gedenkt ihr weder des Menschen noch der Seele. Ihr denkt nur an euch selbst. Die Seele, die das registriert, erkennt, dass sie nicht selbstlos geliebt wurde, dass sie unter Umständen nur zum Eigennutz ihrer Nächsten da war.

Viele Seelen müssen erkennen, dass sie im Erdenkleid von ihren irdischen

Anverwandten und Bekannten gelebt wurden. Das heißt, dass sie als Mensch sich selbst nicht entfalten und ihre Wesensmerkmale nicht leben konnten, weil sie den Willen derer tun mussten, die von ihnen das verlangt haben, was zu ihrem eigenen Vorteil war. Viele dieser Seelen schauen, was sie in ihrem Erdendasein versäumt haben, und kehren auch deshalb wieder in das irdische Dasein zurück. Sie gehen wieder durch die Bewusstseinsschleier zur Erde und halten sich als Seele wieder unter jenen auf, die durch sie gelebt haben. Wieder andere suchen auf der Erde das zu leben, was sie als Menschen nicht entfalten konnten.

Solange Menschen an Menschen oder Dinge – wie Besitz, Reichtum und Macht –

gebunden sind, kehren ihre Seelen wieder zur Erde zurück und schlüpfen wieder in neue Erdenkleider. Es bestehen mannigfache Ursachen und Beweggründe, weshalb sich Seelen wieder einverleiben. Erkennt zum Beispiel eine Seele, dass sie mit ihren Angehörigen durch Sünden verkettet ist, so resigniert sie oftmals und lässt den Wunsch zu, wieder einen neuen Körper anzunehmen. Von diesem Wunsch beseelt, lebt sie in der Bewusstseinsebene, die ihrem Seelenzustand entspricht, und wird dort belehrt. Ihr wird unter anderem das Für und Wider einer erneuten Einverleibung nahegebracht. Sie geht dann zur Einverleibung, wenn die Gestirne, in denen ihr Für und Wider gespeichert ist – und somit auch ihr Erdenweg –, den Weg zur Materie weisen und wenn auf Erden ein Erdenkörper gezeugt ist, der ihrem seelischen Bewusstseinsstand entspricht. In diese menschliche Hülle schlüpft sie dann bei der Geburt hinein.

Der Mann, der den Körper zeugte, und die Frau, in welcher der Embryo heranwuchs, zogen jene Seele an, mit der sie noch einiges gemeinsam zu bereinigen haben – oder um gemeinsam mit ihr im selbstlosen Dienst für ihre Nächsten den Weg des Herrn zu gehen.

Der Mensch möge nicht nur auf seinen Körper schauen, sondern vor allem auf das einverleibte Wesen in ihm und sich bemühen, den Willen Gottes zu tun, und sich nicht den menschlichen Willen von Zweiten oder Dritten aufdrängen lassen.

Erkennet: Auch wenn ihr sagt: „Ich tue den Willen meines Nächsten, um den äußeren Frieden zu wahren“, so hindert ihr eure Seele und auch die Seele eures Nächsten, sich so zu entwickeln und zu entfalten, wie es für beide gut ist. Ihr hindert euch und euren Nächsten, die Aufgaben zu erfüllen, die eure Seelen mit ins Erdendasein gebracht haben: sich zu reinigen und sich von der Last der Sünde zu befreien, die eventuell noch aus Vorinkarnationen mit in diese Einverleibung gebracht wurde. Wer sich von seinen Mitmenschen gängeln lässt, wer also tut, was andere sagen, obwohl er erkennt, dass dies nicht sein Weg ist, der wird gelebt und lebt an seinem eigentlichen Erdendasein vorbei. Er nützt nicht die Tage; er wird benützt von jenen, denen er hörig ist, und kennt deshalb nicht seinen Weg als Mensch über diese Erde.

Wer seine Mitmenschen bindet, indem er ihnen seinen Willen aufzwingt, ist mit einem Vampir zu vergleichen, der die Energien seiner Mitmenschen aufsaugt. Er kennt sich selbst nicht und bindet sich gleichzeitig an seine Opfer – und umgekehrt bindet sich auch das Opfer, das sich aussaugen lässt, an ihn. In einem der Leben, entweder im Erdenkleid oder als Seelen in den jenseitigen Bereichen, werden beide wieder zusammengeführt – und das so oft und so lange, bis einer dem anderen vergeben hat.

Wenn sich zwei aneinander binden – einerlei, ob einer gebunden hat oder sich binden ließ –, so haben sich beide belastet, und beide müssen miteinander bereinigen, damit zwischen ihnen die Liebe und Einheit wieder hergestellt werden können.

Keiner kann sagen: „Ich wusste nichts von den Gesetzen des Lebens." Ich sage euch: Mose hat euch die Auszüge aus den ewigen Gesetzen gebracht, die Zehn Gebote. Und so ihr diese haltet, werdet ihr euch nicht aneinander binden, sondern miteinander in Frieden leben.

Erkennet: Einzig die Liebe und die Einheit untereinander zeigen Seelen und Menschen die Wege zu dem höheren Leben.

Gott, der ewig Gütige, reicht jeder Seele und jedem Menschen Seine Hand. Wer sie ergreift, der nützt sein irdisches Leben. Er schätzt die Tage und vermag sie auch nach den Geboten zu leben, indem er das bereinigt, was ihm der Tag zeigt. Er wird einst als Seele mit all jenen in Gott wandeln und in Gott ruhen, die ihr Erdendasein ebenfalls genützt haben, indem sie Tag für Tag das erkannt und mit Mir, dem Christus, bewältigt haben, was der Tag ihnen gebracht und gezeigt hat – Freude und Leid.

Und so ihr nicht euretwegen um die sterbliche Hülle trauert, die euer Nächster abgelegt hat, sondern im Geiste euch freut, dass die Seele im Erdenkleid ihr geistiges Leben erkannt und sich darauf vorbereitet hat, so werdet ihr über Mich, den Christus, für euren Nächsten freudig zum Vater beten. Ihr werdet der Seele, die nun näher bei Gott ist, Kräfte der Liebe senden, auf dass sie weiter wandelt zu höheren Ebenen, um sich mehr und mehr mit Gott zu einen. Die Seele spürt Freude und Leid ihrer Anverwandten.

Die Seelen, die in Mir, dem Christus, entschlafen sind, fühlen sich verbunden über Mich, den Christus, mit allen, die noch im Erdenkleid wandeln. Die Freude der Seele darüber, dass ihre Anverwandten ihrer in Liebe gedenken, erfüllt sie mit Kraft.

Erkennet: Selbstlose, liebende Gebete spenden der wandernden Seele Kraft und Stärke auf ihrem Weg hin zum Göttlichen. In euren selbstlosen Gebeten spürt sie die Verbundenheit und empfängt vermehrt Kraft. Dadurch wird sie das noch an ihr haftende Menschliche rascher ablegen und damit frei werden für Den, der die Freiheit und Liebe ist – Gott, das Leben. Der Lohn aus Gott ist groß für jede Seele, die sich ernsthaft bemüht, Gottes Willen zu erfüllen.

Erkennet: Nur der ist ohne Hoffnung, der von seinem Glauben nur spricht und nicht lebt, woran er scheinbar glaubt. Letzten Endes glaubt der Zweifler das nicht, was er zu glauben vorgibt. Daraus entwickelt sich die Hoffnungslosigkeit.

Wo dein Schatz ist, dort ist auch dein Herz

Ihr sollt auch nicht für euch Schätze sammeln auf Erden, die die Motten und der Rost fressen und die Diebe ausgraben und stehlen. Sammelt euch aber Schätze im Himmel, wo sie weder Motten noch Rost fressen und wo die Diebe nicht nachgraben noch stehlen. Denn wo euer Schatz ist, da ist auch euer Herz.

Die Lichter des Leibes sind die Augen. Deshalb, wenn du klarsiehst, wird dein ganzer Leib voller Licht sein. Wenn dir aber deine Augen fehlen oder wenn sie trüb sind, so wird dein ganzer Leib finster sein. Wenn nun das Licht, das in dir ist, Finsternis ist, wie groß wird die Finsternis sein!

Niemand kann zwei Herren dienen. Entweder er wird den einen hassen und den anderen lieben; oder er wird zu dem einen halten und den anderen verachten. Ihr könnt nicht zugleich Gott dienen und dem Mammon. (Kap. 26, 12-14)

Christus erklärt, berichtigt und vertieft das Wort:

Nur der Mensch sammelt auf Erden Schätze, der nicht an Gott, an Seine Liebe, Weisheit und Güte glaubt. Viele Menschen geben vor, an Gott zu glauben; an ihren Werken jedoch werdet ihr sie erkennen! Viele Menschen sprechen von der Liebe und den Werken Gottes – allein an ihrem Tun werdet ihr sie erkennen.

Viele Menschen sprechen von dem inneren Reich und von dem inneren Reichtum, und doch schaffen sie für sich persönlich in die Scheuern und sammeln für sich persönlich die irdischen Reichtümer, um von den Menschen angesehen zu sein.

Wer nur auf sein persönliches Wohl bedacht ist, erspürt noch nicht den Greifvogel, der schon seine Schwingen erhoben hat, um das Nest zu zerstören und den Reichtum zu entwenden, den der Reiche, der Nestbauer, sein persönliches Eigentum nennt.

Wer jedoch zuerst nach dem Reiche Gottes trachtet, der sammelt innere Werte, innere Schätze. Er wird auch im Zeitlichen alles empfangen, was er benötigt, und darüber hinaus.

Wer im Inneren reich ist, wird im Äußeren nicht darben. Doch wer im Äußeren reich ist und den Reichtum hortet, wird einst darben. Wer Schätze auf Erden sammelt, dem werden sie genommen, damit er sich auf den Schatz des Inneren besinnt und in das Leben, in den inneren Reichtum, einzugehen vermag.

So lange wird es der Seele an göttlichem Lichte mangeln, bis sie zuerst nach dem Reiche Gottes trachtet. Und solange es noch auf Erden möglich ist, wird die lichtarme Seele sich wieder in einen lichtarmen Körper eingebären und eventuell in Armut unter den Armen leben. Die Erkenntnis wird kommen, dass der Schatz, der Reichtum, einzig in Gott ist. Wessen Herz bei Gott ist, der wird reich an inneren Werten sein und eingehen in das Reich des Friedens.

Ich, Christus, gebe euch einen Maßstab, auf dass ihr erkennt, wo ihr steht – entweder im Licht oder im Schatten: „Denn wo euer Schatz ist, dort ist auch euer Herz“, dort wird einst eure Seele sein.

Beachtet: Wer diese Worte liest und in der Wende steht von der alten zur Neuen Zeit, der sollte sich beeilen, dass er noch sein geistiges Leben findet! Denn wenn die Neue Zeit, die Zeit des Christus, auf der ganzen Erde offenbar ist und das Innere Leben gelebt wird, gibt es keine Einverleibungen mehr für jene, die nach äußeren Werten trachten. Es gibt dann auch keine Einverleibungen mehr für die irdisch Reichen, um als Ärmste unter den Armen das zu sühnen, was sie als Reiche versäumt haben.

Hat das Friedensreich Jesu Christi weitere Evolutionsschritte getan, dann wird es weder arm noch reich geben. Alle Menschen sind dann reich in Meinem Geiste, da sie das innere Reich erschlossen haben. Entsprechend werden sie auch auf der neuen Erde leben, unter einem anderen Himmel.

Daher seid bereit, Gott zu dienen und aus Liebe zu Gott auch euren Mitmenschen.

Erkennet: Keiner kann zwei Herren dienen, Gott und dem Mammon. Einzig die selbstlose Liebe eint alle Menschen und Völker. Der Mensch auf Erden und die Seele in den Stätten der Reinigung –

beide werden einst zur Entscheidung geführt: Gott oder dem Mammon zu dienen, für Gott oder gegen Gott zu sein. Es gibt nichts dazwischen: entweder für Gott – oder für das Satanische.

Trachte zuerst nach dem Reich Gottes

Darum sage Ich euch: Sorget nicht für euer Leben, was ihr essen und trinken werdet; auch nicht für eueren Leib, was ihr anziehen werdet. Ist nicht das Leben mehr denn die Nahrung und der Leib mehr denn die Kleidung? Und was nützet es einem Menschen, wenn er die ganze Welt gewänne, aber sein Leben verliere?

Sehet die Vögel in der Luft: Sie säen nicht und ernten nicht, noch sammeln sie in Scheunen; und euer himmlischer Vater nährt sie doch. Seid ihr denn nicht viel besser behütet denn sie? Wer ist aber unter euch, der seiner Länge eine Elle zusetzen könnte, wenn er das wollte? Und warum sorget ihr so sehr um eure Kleidung? Sehet die Lilien auf dem Felde, wie sie wachsen; sie arbeiten nicht und spinnen auch nicht. Und doch, sage Ich euch, Salomo in all seiner Pracht und Herrlichkeit war nicht so geschmückt wie sie.

Warum sollte nicht Gott, der das Gras auf dem Felde kleidet, das doch heute steht und morgen im Ofen verbrannt wird, euch nicht viel mehr kleiden, o ihr Kleingläubigen?

Darum sollt ihr nicht besorgt sein und fragen: Was werden wir essen? Was werden wir trinken? oder: Womit werden wir uns kleiden? (Wie es die Heiden tun.) Denn euer himmlischer Vater weiß, dass ihr das alles braucht. Trachtet zuerst nach dem Reiche Gottes und nach Seiner Gerechtigkeit, so wird euch dies alles dazu-

fallen. Darum sorget euch nicht um die Übel von morgen. Es ist genug, dass ein jeder Tag seine eigenen Übel hat. (Kap. 26, 15-18)

Christus erklärt, berichtigt und vertieft das Wort:

Wer sich um sein persönliches Leben, um sein Wohl, Sorgen macht – was er z.B. morgen essen und trinken oder womit er sich bekleiden soll –, der ist ein schlechter Planer; denn er denkt dabei nur an sich selbst, an sein eigenes Wohl und an seinen Besitz. Damit plant er auch zugleich sein Weh und Ach mit ein.

Wer hingegen den Willen Gottes erfüllt, ist ein guter Planer. Er wird sowohl die Tage als auch die Zukunft planen.

Doch er weiß, dass seine Planung nur eine Vorgabe ist, die in Gottes Hand ruht.

Er legt sein Planen in Gottes Hand, arbeitet mit Gottes Kräften und lässt sich im Tagesgeschehen von Gott führen. Denn er weiß: Gott ist der allwissende Geist und der Reichtum seiner Seele. Wer sich Gott anvertraut, sein Tagewerk in Gottes Licht stellt und das Gesetz „Bete und arbeite" erfüllt, der wird den gerechten Lohn empfangen. Er wird alles besitzen, was er benötigt.

Wenn Gott, der Ewige, die Natur schmückt und die Lilien des Feldes kleidet, um wieviel mehr wird Er Sein Kind ernähren und kleiden, das Seinen Willen erfüllt! Sorgt also nicht für morgen, sondern plant und übergebt euren Plan in den Willen Gottes – und Gott, der euren Plan kennt, wird euch das erfüllen, was für euch gut ist.

Ich gebe ein Beispiel: Ein guter Architekt wird sorgfältig das Haus planen und alle Details beachten. Wenn er seinen Plan fertiggestellt hat, wird er ihn noch einmal überprüfen und dann dem Bauherrn zur Prüfung vorlegen. Ist dieser mit dem Plan einverstanden, dann werden die Handwerker nach dem Plan arbeiten. Der Architekt und der Bauherr werden die Durchführung überwachen und nur dann eingreifen, wenn etwas nicht der Planung entspricht.

Ähnlich solltet ihr es mit eurem Leben halten: Plant jeden Tag, und plant gut! Räumt euch auch Zeit für besinnliche Stunden ein, in denen ihr zur inneren Ruhe findet und euer Leben und eure Planung immer wieder überdenken könnt. Eine sorgfältige Tagesplanung, die in den Willen Gottes gelegt wurde, wird Gott auch mit Seinem Willen durchdringen. Wer seinen Plan so ausführt, braucht sich nicht um morgen zu sorgen. Sein Glaube an die Führung Gottes sind die positiven Gedanken; aus ihnen ergeben sich positive Worte und gesetzmäßiges Handeln. Positive Gedanken, Worte und Handlungen sind die besten Werkzeuge, denn in ihnen wirkt Gottes Wille. Das heißt, in jedem positiven Gedanken, in jedem selbstlosen Wort, in jeder selbstlosen Geste und Tat wirkt Gottes Wille, Sein Geist. Gott wird dem guten Planer alles geben, was er benötigt, und darüber hinaus.

Nur der sorgt sich um morgen, der sich nicht Gott anvertraut, der die Tage verstreichen lässt und sie nicht nützt. Wer in den Tag hineinlebt und dann seinem Nächsten die Schuld gibt, wenn ihm manches misslingt, wenn er krank ist, wenn er Hunger hat, wenn er das Notwendige des täglichen Lebens nicht erwerben kann – der ist kein guter Planer. Er ist ein ängstlicher, ichbezogener Mensch, der das herbeizieht, was er nicht möchte und wovor er Angst hat. Wer nicht mit Gottes Hilfe die Stunden, Tage und Monate plant und seine Planung und sich selbst in den Willen Gottes stellt, den kann Gott nicht führen. Nur wer sein Tagewerk Gott anvertraut und gewissenhaft das Gebot „Bete und arbeite“ erfüllt, der kann von Gott geführt werden, der ist von Ihm erfüllt – der ist gefüllt von Liebe, Weisheit und Kraft. Das heißt, sein Gefäß, sein Leben, ist erfüllt von Vertrauen und Glauben an Gott.

Menschen im Geiste Gottes werden nicht darben. Sie sind gute Planer, sind stark im Glauben und arbeiten mit den Kräften des Geistes. Nur der Ängstliche ist auf sich, auf sein kleines Ich, bedacht. Er sorgt sich um morgen, weil er nicht in Gott gefestigt ist und nicht an Gottes Weisheit und Liebe glaubt. Damit öffnet er unbewusst die Scheune für die Diebe, die kommen und stehlen. Was er für sich persönlich erobert und gehortet hat, wird er verlieren.

Aus Gottes Hand empfangen die Menschen Nahrung, Obdach und Kleidung. Wer sein Leben, sein Denken und seine Arbeit in Gottes Hand legt, der braucht sich nicht um morgen zu sorgen. Er wird besitzen, was er heute, morgen und in Zukunft benötigt – und darüber hinaus.

Wer also im inneren Reich lebt, der wird auch im Äußeren nicht darben. Wer jedoch im Inneren arm ist, der wird im Äußeren darben. Wenn er heute im Äußeren lebt und weltlichen Reichtum für sich mehrt und für sich persönlich behält, so ist er im Inneren arm, und wird in einem anderen Erdenkleide darben, also arm sein.

Daher trachtet zuerst nach dem Reiche Gottes und nach Seiner Gerechtigkeit, dann wird euch alles von Gott gegeben, was ihr benötigt – und darüber hinaus. Sehet die Vögel der Luft: Sie säen und ernten nicht und sammeln nicht in Scheunen; und doch ernährt sie unser himmlischer Vater. „*Sehet die Lilien auf dem Felde, wie sie wachsen; sie arbeiten nicht und spinnen auch nicht.*“ Die Natur in ihrer Vielfalt ist schöner gekleidet als der Reichste unter den Reichen. Wer nur an sein Wohl und an seine vollen Scheunen denkt, der wird entweder in dieser irdischen Daseinsform oder in einer anderen Einverleibung – solange dies noch möglich ist – im Schweiße seines Angesichtes sein Brot verdienen.

Rechtes Beten und Arbeiten heißt, für sich und für das Gemeinwohl arbeiten. Erkennt: Die Lilien des Feldes – ja die ganze Natur – sind für alle Menschen da und schenken sich ihnen auf das Vielfältigste. Wer das zu erfassen und zu schätzen vermag, der wird nicht im Schweiße seines Angesichtes sein Brot verdienen müssen. Er wird das Gesetz „Bete und arbeite" erfüllen – für sich und für seine Nächsten.

Und wenn geschrieben steht „*sie arbeiten nicht und spinnen auch nicht*", so heißt dies: Der Mensch soll nicht nur an sich denken und nur arbeiten, um für sich allein Gewinn zu erlangen, sich damit zu schmücken und zu zeigen.

Erkennet: Alles Sein ist in Gottes Obhut. Tiere, Bäume, Pflanzen, Gräser und Steine sind in Gottes Obhut. Sie stehen im Evolutionsleben, das vom ewigen Schöpfergott gelenkt ist. Da alles Leben aus Gott ist, so empfinden auch Tiere,

Bäume, Pflanzen, Gräser und Steine. Sie erleben in sich die Evolutionskraft des Schöpfers, die sie belebt und im Zyklus der göttlichen Äonen zur weiteren Entfaltung führt. Die Schöpferkraft, das ewige Sein, schenkt den Naturreichen das, was sie benötigen. Die Gaben des Lebens strömen den Lebensformen in dem Maße zu, wie diese geistig entfaltet sind.

Der ewige Vater gedenkt jedes Grashalms. Um wieviel mehr gedenkt der Ewige Seiner Kinder, welche die Evolutionsstufen der Mineral-, Pflanzen- und Tierreiche in sich schon entfaltet haben! Die Kinder Gottes tragen in sich den Mikrokosmos aus dem Makrokosmos und stehen so mit der ganzen Unendlichkeit in Kommunikation.

Wie arm ist doch der Mensch, der sich um das Morgen sorgt! Er zeigt selbst, dass er das Gestern noch nicht bewältigt hat, da er nicht im Heute, im Jetzt, also in Gott, zu leben vermag.

Das Innere des Menschen, das reine Sein, ist der Inbegriff der Unendlichkeit. Wer das als Mensch erfasst, der schaut nach innen und entfaltet die Gesetze des Lebens, so dass er alles Äußere im Lichte der Wahrheit zu schauen vermag.

Erkennet: Dem Menschen, der allumfassend – also unbegrenzt – denkt und lebt, dient die Unendlichkeit. Menschen im Geiste der Liebe sind nicht auf sich bezogen, sondern allbewusst. Sie stehen in beständiger Kommunikation mit den Gotteskräften in allem Sein. Was sie tun, tun sie von innen heraus mit der

Kraft der Liebe. Sie planen und wirken nach dem Gebot „Bete und arbeite“ und vergeuden nicht den Tag. Sie wissen um die Kostbarkeit des Tages, der Stunden und Minuten und nützen die Zeit.

Wer also wahrhaftig lebt, der sorgt sich nicht um morgen; er empfängt schon heute das, was er morgen besitzt. Denn wer in Gott lebt, wird heute und morgen nicht darben. Wer jedoch ängstlich bleibt und seine Habe an sich zieht, der wird morgen arm sein.

Wer sich jedoch als kosmisches Wesen sieht, das uneingeschränkt Gottes Willen erfüllt, der erlangt Weisheit und Kraft. Wer mit Liebe und Weisheit erfüllt ist, dessen Leben ist von der Kraft Gottes durchdrungen. Ihm wird es an nichts mangeln. Wer sich jedoch um morgen sorgt und die Zukunft düster sieht, der zieht das Übel an; er wird jeden Tag seine Last haben.

Denkt also nicht ängstlich an morgen! Plant mit Gottes Kraft – und lasst den Ewigen durch euch wirken. Dann sind eure Gedanken positive Magneten, die wieder Positives und Aufbauendes anziehen. Denn Gedanken, Worte und Taten sind Magneten. Entsprechend ihrer Art ziehen sie wieder Gleiches oder Ähnliches an.

Richte nicht über deinen Nächsten

Richtet nicht, auf dass ihr nicht gerichtet werdet. Denn mit welcherlei Gericht ihr richtet, werdet ihr gerichtet werden; und mit welcherlei Maß ihr messet, wird euch wieder gemessen werden. Und wie ihr anderen tut, so wird euch getan werden. (Kap. 27, 1)

Christus erklärt, berichtigt und vertieft das Wort:

Ihr habt gelesen: Gedanken, Worte und Handlungen sind Magneten. Wer seinen Nächsten in Gedanken und mit Worten richtet und verurteilt, der wird also Gleiches oder Ähnliches an sich selbst erfahren.

Erkennet: Eure negativen Gedanken, Worte und Handlungen sind eure eigenen Richter. „*Mit welcherlei Maß ihr messet*“ – ob in Gedanken oder in Worten und Handlungen –, so werdet ihr selbst gemessen werden. So, wie ihr euren Nächsten abwertet, um euch selbst aufzuwerten, werdet ihr gewertet werden: Ihr werdet euren Wert erfahren und erleiden. Und wenn ihr sagt: „Dem einen muss genügen, was er hat – der andere soll mehr bekommen“, so werdet ihr einst nur so viel besitzen oder noch weniger als der, dem ihr weniger zugestanden habt: Wie ihr eurem Nächsten im Denken, Reden und Tun begegnet, so wird es euch einst selbst ergehen.

Beginne bei dir selbst

Was siehst du den Splitter in deines Bruders Auge und wirst des Balkens in deinem Auge nicht gewahr? Oder wie darfst du zu deinem Bruder sagen: Ich will dir den Splitter aus deinem Auge ziehen? Und siehe, ein Balken ist in deinem Auge. Du Heuchler, ziehe zuerst den Balken aus deinem eigenen Auge, dann erst siehst du klar, um den Splitter aus deines Bruders Auge ziehen zu können. (Kap. 27, 2)

Christus erklärt, berichtigt
und vertieft das Wort:

Nur der Mensch spricht beständig über den Splitter im Auge seines Nächsten, der des Balkens im eigenen Auge nicht gewahr wird. Nur der befleißigt sich, den Splitter aus dem Auge seines Bruders herausziehen zu wollen, der sein eigenes Denken und Leben nicht kennt. Wer sich nicht kennt und nicht den Balken – die Sünden der Seele, die sich in seinen eigenen Augen widerspiegeln –, der hat keinen Blick für die Wahrheit. Sein Auge ist getrübt von der Sünde. Er sieht dann im Nächsten nur das, was auch er selbst noch ist: einen Sünder. Nur wer den Balken in seinem eigenen Auge bearbeitet, der schaut zunehmend klarer. Dann kann er immer deutlicher den Splitter im Auge seines Bruders erkennen und ihm nach dem Gesetz der Nächstenliebe behilflich sein, diesen zu entfernen.

Wer also über seine Mitmenschen negativ spricht, sie abwertet und ihnen Übles nachsagt, der kennt seine eigenen Fehler nicht.

An den Früchten sollt ihr sie erkennen! Jeder zeigt selbst, wer er ist – also seine Frucht. Wer sich über seine Mitmenschen erregt und diese lächerlich macht, zeigt, wer er wahrlich ist.

Wer zuerst seine eigenen Fehler ablegt, der ist auch fähig, seinem Nächsten zu helfen. Deshalb ist jeder ein Heuchler, der abfällig über die Fehler seines Bruders spricht – und dabei den Balken im eigenen Auge nicht bemerkt.

Missioniere nicht

Ihr sollt das, was heilig ist, nicht den Hunden geben, noch eure Perlen vor die Säue werfen, auf dass sie diese nicht zertreten mit ihren Füßen und nicht sich umkehren und euch zerreißen. (Kap. 27, 3)

Christus erklärt, berichtigt und vertieft das Wort:

Es entspricht nicht dem ewigen Gesetz des freien Willens, dass ihr mit den Worten der Wahrheit von Ort zu Ort, von Haus zu Haus zieht, eure Überredungs- und Überzeugungskünste anwendet und jeden, dessen ihr habhaft werdet, missioniert. Denn das würde bedeuten, dass ihr die Wahrheit nicht heiligt und es so macht, wie es bildhaft geschrieben steht: „Ihr sollt das, was heilig ist, nicht den Hunden geben, noch eure Perlen vor die Säue werfen." Ihr sollt also das Wort Gottes eurem Nächsten nicht aufdrängen. Wer glaubt, dass sein Nächster das glauben und annehmen müsse, von dem er glaubt, überzeugt zu sein, der hat selbst noch Zweifel und stellt seinen eigenen Glauben in Frage.

Missionieren heißt überzeugen wollen. Wer überzeugen möchte, der ist in seinem Inneren selbst nicht von dem überzeugt, was er anpreist.

Seid jedoch gute Vorbilder in eurem Glauben und keine Missionierenden. Ihr könnt euer Glaubensgut anbieten und jedem freistellen, ob er daran glauben oder nicht glauben möchte, ob er es mit euch halten möchte oder nicht.

Die Freiheit in Gott ist ein Aspekt des ewigen Gesetzes. Wenn euer Nächster aus freiem Willen zu euch kommt und euch nach eurem Glauben fragt, so macht er den ersten Schritt auf euch zu; und wer im Glauben steht, der wird daraufhin auf seinen Nächsten zugehen und ihm antworten.

Wer mit seinem Nächsten in einer göttlichen Verbindung steht, der wird ihn nicht an seinen Glauben binden – sondern ihm nur so viel mitteilen, wie er selbst erkannt und verwirklicht hat. Nur derjenige will seinen Nächsten an seinen Glauben binden, der wenig selbstlose Liebe entfaltet hat.

Daher hütet euch vor den Übereifrigen, die euch zu ihrem Glauben überreden wollen. Bietet die ewige Wahrheit an in Wort und Schrift – und lebt selbst danach; dann werden auf euch die zukommen, die das Leben in sich erkannt haben.

Kehre ein in dein Inneres

Bittet, so wird euch gegeben werden; suchet, so werdet ihr finden. Klopfet an, so wird euch aufgetan; denn jeder, der da bittet, wird empfangen, und der da sucht, wird finden, und denen, die da anklopfen, wird aufgetan. (Kap. 27, 4)

Christus erklärt, berichtigt und vertieft das Wort:

Nur der Mensch bittet, sucht und klopft an der Pforte zum Inneren Leben an, der noch nicht sein Inneres, das Königreich der Liebe, betreten hat. Das Reich Gottes ist inwendig in der Seele eines jeden Menschen.

Der erste Schritt auf dem Pfad zum Inneren Leben, auf dem Weg zur Pforte des Heils, ist die Bitte an Gott um Hilfe und Beistand. Der nächste Schritt ist die Suche nach Gottes Liebe und Gerechtigkeit. Der Wanderer findet das Leben, Gottes Liebe und Gerechtigkeit, in den Geboten des Lebens, die Wegweiser sind auf dem Weg nach innen.

Ein weiterer Schritt ist das Anklopfen im eigenen Herzenskämmerlein, an der inneren Pforte. Diese Pforte zum Herzen Gottes öffnet sich nur dem, der ehrlich gebetet, gesucht und angeklopft hat. Dem Verstandesmenschen, der nur nach äußeren Werten und Idealen trachtet, öffnet sich nicht die innere Pforte. Auch die Zweifler werden nicht empfangen.

Wer also bittet, sucht und anklopft, der muss es aus Liebe zu Gott tun und nicht, um Gottes Liebe zu prüfen.

Erkennet: Wer nur prüfen möchte, ob Gottes Liebe tatsächlich existiert, der wird sehr rasch selbst auf den Prüfstein kommen. Wer in Gott lebt, dem steht die Herzenspforte offen. Er braucht nicht mehr zu bitten – er hat bereits empfangen; denn Gott kennt Seine Kinder. Wer in das Herz Gottes eingekehrt ist, der hat in seiner Seele schon empfangen. Das heißt, der Reichtum aus Gott leuchtet verstärkt in seiner Seele und strahlt durch ihn, den Menschen. Wer in sein Inneres eingekehrt ist, der braucht nicht mehr zu suchen – er ist im Königreich des Inneren zu Hause. Und wer bewusst Wohnung in ihm genommen hat, der braucht nicht mehr anzuklopfen; er ist bereits eingekehrt und lebt in Gott und Gott durch ihn.

Nur jene werden bitten, suchen und anklopfen, die noch draußen stehen und noch nicht wissen, dass sie tief in ihrer Seele das tragen, was sie wahrhaft reich macht: Gottes Liebe und Weisheit.

Gib, was du erwartest

Welcher ist hier unter euch, der einen Stein gibt, wenn ihn sein Kind um Brot bittet, oder eine Schlange, wenn es um einen Fisch bittet? Wenn ihr, die ihr böse seid, dennoch euren Kindern gute Gaben geben könnt, wieviel mehr wird euer Vater im Himmel Gutes geben jenen, die Ihn bitten.

Was auch immer ihr wollt, dass euch die Menschen tun sollen, das tut ihnen ebenso, und was ihr nicht wollt, dass sie euch tun, das tut auch ihr ihnen nicht; denn dies ist das Gesetz und die Propheten. (Kap. 27, 5-6)

Christus erklärt, berichtigt und vertieft das Wort:

Erkennet: Ihr sollt nicht von euren Mitmenschen das verlangen, was zu geben ihr selbst nicht gewillt seid.

Wenn ihr von eurem Nächsten etwas erwartet, das er für euch tun soll, so stellt euch die Frage: Weshalb tut ihr es nicht selbst? Wer von seinem Nächsten z.B. Geld und Gut erwartet, damit er selbst in seiner Bequemlichkeit nicht arbeiten muss, oder wer von seinem Nächsten Treue erwartet und selbst nicht treu ist, oder wer von seinem Nächsten an- und aufgenommen werden möchte, selbst jedoch seine Mitmenschen weder an- noch aufnimmt – der ist selbstsüchtig und arm im Geiste.

Was immer du von deinem Nächsten verlangst, das besitzt du selbst nicht im Herzen.

Es ist ungesetzmäßig, aus Erwartungshaltung seine Mitmenschen zu Handlungen, Aussagen oder Verhaltensweisen zu zwingen, zu denen sie von sich selbst aus nicht bereit wären.

Hast du in deinen Wünschen an deinen Nächsten deine Erwartungshaltung erkannt, so kehre rasch um und leiste du zuerst selbst, was du von deinem Nächsten verlangst.

Jeder Zwang ist ein Druck, der wieder Zwang und Gegendruck erzeugt. Durch ein solches erpresserisches Verhalten gegenüber deinen Mitmenschen bindest du dich an sie und machst sowohl dich als auch den, der sich erpressen ließ, zum Sklaven der niederen Natur. Solche Zwangsmethoden wie: „Ich erwarte von dir, und du erwartest von mir – jeder gibt dem anderen, was dieser verlangt" führen zu Bindung.

Was gebunden ist, hat keinen Platz im Himmel. Beide, die aneinander gebunden sind, werden einander einst wieder begegnen, entweder im feinstofflichen Leben oder in weiteren Einverleibungen.

Diese Form von Bindung gilt nicht am Arbeitsplatz. Hast du dich im Berufsleben freiwillig in einen Arbeitsbereich eingeordnet und der Verantwortliche gibt dir Aufgaben, die du im Rahmen deiner Tätigkeit durchführen sollst, so hast du hierzu schon mit deinem Eintritt in den Betrieb ja gesagt. Du hast dich freiwillig in den Arbeitsbereich und in das Arbeitsteam eingeordnet, um zu tun, was dir aufgetragen wird. Wenn du also einen Arbeitsplatz wählst, dann sollst du auch ausführen, was dir gemäß deinem selbstgewählten Arbeitsbereich aufgetragen wird. Die Aussage „*Was auch immer ihr wollt, dass euch die Menschen tun sollen, das tut ihnen ebenso …*“ gilt also nicht für den selbstgewählten Beruf oder Arbeitsbereich.

„*Was ihr nicht wollt, dass sie [die Menschen] euch tun, das tut auch ihr ihnen nicht*“ bedeutet: Wenn ihr nicht verlacht und verspottet werden wollt oder nicht bestohlen und belogen werden wollt oder nicht um Hab und Gut gebracht werden wollt oder nicht gegängelt werden wollt oder nicht eures freien Willens beraubt werden wollt oder nicht geschlagen und beschimpft werden wollt, so tut dies auch nicht euren Mitmenschen. Denn was ihr dem Geringsten eurer Brüder antut, das tut ihr Mir an – und euch selbst. Was ihr nicht wollt, dass man euch tu, das fügt auch keinem eurer Nächsten zu – denn alles, was von euch ausgeht, kommt wieder auf euch zurück. Deshalb prüft eure Gedanken und hütet eure Zunge!

Widerstehe der Versuchung – entscheide dich für Gott

Gehet ein durch die enge Pforte. Denn schmal ist der Pfad und eng ist die Pforte, die zum Leben führen, und wenige sind ihrer, die sie finden. Doch weit ist die Pforte und breit der Weg, der ins Verderben führt, und ihrer sind viele, die darauf wandeln. (Kap. 27, 7)

Christus erklärt, berichtigt und vertieft das Wort:

„*... schmal ist der Pfad und eng ist die Pforte, die zum Leben führen*“ bedeutet: In jedem, der sich bemüht, den schmalen Weg zum Leben zu wandeln, meldet sich der Finsterling und zeigt ihm – wie Mir als Jesus von Nazareth – die Schätze und Annehmlichkeiten dieser Welt. Täglich gilt es aufs Neue, dem Satanischen zu widerstehen und ihm zu widersagen. Wer nicht wachsam ist, der wird ihm hörig.

Erkennet: Jeder, der die ersten Schritte hin zum Leben vollzieht, fühlt sich zuerst eingeengt und eingeschränkt, bis er sich endgültig entschieden hat. Denn was er bisher an Menschlichem gedacht und getan hat, das soll er nun lassen.

Die ersten Schritte gehen in das Ungewisse – sie heißen Glauben und Vertrauen. Bis die ersten Schritte getan sind, ist der Pfad zum Leben schmal und eng. Die ersten Hürden, die auf dem

Wege zum Herzen Gottes genommen werden sollten, heißen: Denke um, und unterlasse die alten, menschlichen Gewohnheiten! Bereue, vergib, bitte um Vergebung, und sündige nicht mehr! Das bedeutet für jeden Einzelnen eigene Anstrengung und Umstellung alles dessen, was bei ihm bisher üblich war.

Wer jedoch mit Meiner Kraft durchsteht, der wird den schmalen Pfad verlassen und dann auf die große Lichtstraße in das Reich des Inneren gelangen, auf der er mit den Wanderern in das Licht dem Tor zur Absolutheit zustrebt, dem Leben in Gott.

Jeden Tag wird der Mensch geprüft: für oder wider Gott.

Wer sich gegen Mich entscheidet, indem er alle menschlichen Annehmlichkeiten behält und all das, was ihn menschlich macht, der wird auf der breiten, dunklen Straße nicht in Versuchung geführt werden, da er sich dem Versucher verschrieben hat. Auf dieser Straße ins Verderben wandeln gar viele. Sie werden nicht geprüft wie jene, die den schmalen Pfad zum Leben gehen.

Wer sich dem Versucher verschrieben hat, der sagt damit auch uneingeschränkt zu dem ja, was er auf Grund seiner Saat zu ernten hat.

An ihren Früchten sollt ihr sie erkennen

Hütet euch vor den falschen Propheten, die in Schafskleidern zu euch kommen, inwendig aber reißende Wölfe sind. An ihren Früchten sollt ihr sie erkennen. Kann man Trauben lesen von den Dornen oder Feigen von den Disteln?

Ebenso bringt jeglicher gute Baum gute Frucht, aber ein fauler Baum bringt schlechte Frucht. Ein jeglicher Baum, der keine gute Frucht bringt, ist nur noch dazu gut, umgehauen und ins Feuer geworfen zu werden. Darum, an ihren Früchten sollt ihr das Gute von dem Schlechten unterscheiden. (Kap. 27, 8-9)

Christus erklärt, berichtigt
und vertieft das Wort:

Am Ende der materialistischen Tage, der „Raff- und Gierzeit", werden viele falsche Propheten auftreten. Sie werden viel über die Liebe Gottes reden – und doch sind ihre Werke Menschenwerke. Nicht der ist ein echter Prophet und ein geistig Weiser, der von der Liebe Gottes spricht, sondern allein der, dessen Werke gut sind.

Die Gabe zu prüfen hat jedoch nur derjenige, der zuerst seine eigene Gesinnung prüft: ob er selbst wahrhaft an das Evangelium der selbstlosen Liebe glaubt und auch den Sinn des Evangeliums erfüllt – und was er selbst schon aus selbstloser Liebe an seinem Nächsten verwirklicht hat.

Ihr könnt erst dann eure Mitmenschen erkennen und die Unterschiede von gut, weniger gut und schlecht erspüren, wenn ihr einige Grade geistiger Reife erlangt habt.

Wer seine Nächsten noch verurteilt und über sie negativ denkt und spricht, der kann seine Mitmenschen noch nicht prüfen. Ihm mangelt es an der Unterscheidungsgabe. Er urteilt nur – und prüft nicht.

Wenn ihr selbst noch eine schlechte Frucht seid, wie könnt ihr die guten Früchte erkennen? Wer Gottes Gesetze nicht verwirklicht, dem fehlt es also an der Unterscheidungsgabe, was gut, weniger gut und schlecht ist.

Wer seinen Nächsten prüfen möchte, der prüfe also zuerst sich selbst, ob er die Gabe der Unterscheidung besitzt zwischen gerecht und ungerecht.

Sehr rasch kann eine gute Frucht verworfen werden und die schlechte bejaht: dann, wenn die faule Frucht sich mit viel Reden hervortat und mit viel scheinbar überzeugenden Worten und Gesten wirkt.

Erkennet: Gleiches zieht zu Gleichem. Wer selbst noch eine faule Frucht ist, dem sind die faulen Früchte näher als die guten. Wer jedoch selbstlos ist, der ist eine gute Frucht, dem ist auch das Gute, das Selbstlose, nahe.

Wer selbstlos ist, der hat auch die Unterscheidungsgabe zwischen den guten, den weniger guten und den schlechten Früchten. Wer also die guten von den schlechten Früchten unterscheiden möchte, der muss zuerst selbst eine gute Frucht sein. Nur die gute Frucht kann die schlechte erkennen. Die schlechte Frucht sucht immer wieder ihre gleichgesinnten schlechten Früchte, um gegen die guten vorzugehen. Die schlechten Früchte verurteilen, verwerfen, richten und binden.

Die guten, reifen Früchte haben Verständnis, sind wohlwollend und tolerant und ihrem Nächsten gegenüber gütig. Sie sprechen wohl die Missstände an, doch sie bewahren ihre Nächsten in ihrem Herzen. Das bedeutet: Sie urteilen, verurteilen und richten nicht mehr.

Ich wiederhole: An ihren Früchten sollt ihr sie erkennen.

Die gute Frucht kennt die schlechte Frucht, doch die schlechte Frucht erkennt nicht die gute Frucht.

Die gute Frucht schaut einzig auf das Gute, die schlechte Frucht einzig auf das Schlechte. Entsprechend denkt, spricht und handelt der Mensch.

Erfülle den Willen Gottes

Es werden nicht alle, die zu Mir sagen: Herr! Herr! in das Himmelreich kommen, sondern die den Willen tun Meines Vaters, der im Himmel ist. Es werden viele zu Mir sagen an jenem Tage: Herr, Herr, haben wir nicht in Deinem Namen geweissagt? Haben wir nicht in Deinem Namen Teufel ausgetrieben? Haben wir nicht in Deinem Namen viele wunderbare Werke getan? Dann werde Ich zu ihnen sprechen: Ich habe euch noch nie gekannt; weichet alle von Mir, die ihr Böses bewirkt. (Kap. 27, 10)

Christus erklärt, berichtigt
und vertieft das Wort:

Wer nur Meinen Namen anruft und nicht den Willen Meines Vaters erfüllt, der ist trotz seiner scheinbar geistig wirkungsvollen Reden und seiner scheinbar verbindlichen Worte arm im Geiste und wird nicht in das Himmelreich eingehen.

Wer jedoch selbstlose Taten vollbringt, ohne Lohn und Anerkennung zu erwarten, der ist es, der den Willen Meines Vaters tut; denn so, wie er handelt, so denkt und spricht er auch.

Selbstlose Taten entstehen einzig aus gotterfüllten Empfindungen und Gedanken. Sind die Gedanken des Menschen unlauter, dann sind auch seine Worte schal und seine Taten ichbezogen.

Erkennet: Wer dem Anschein nach aus dem Ich Bin spricht, also scheinbar Mein Wort spricht, und dem Anschein nach in Meinem Namen Taten vollbringt und davon gut lebt, der hat schon seinen Lohn empfangen. Er wird im Himmel keinen Lohn mehr erhalten. Wer selbstlos Werke der Liebe tut und für sein irdisches Brot arbeitet, der wird im Himmel den gerechten Lohn empfangen.

Erkennet: Das geistige Brot ist die geistige Nahrung der Seele. Das Brot für den Leib soll nach dem Gesetz von „Bete und arbeite" verdient werden.

Das geistige Brot kommt von den Himmeln und wird denen gereicht, die das Gesetz der Liebe und des Lebens wahren und auch das Gebot „Bete und arbeite" erfüllen.

Die irdische Speise schenkt Gott den Menschen durch die Erde. Die Früchte der Erde bedürfen der Zubereitung durch der Hände Arbeit. So ist der Arbeiter seines Lohnes wert.

Erkennt den Unterschied zwischen dem Brot für die Seele und dem Brot für den irdischen Leib! Wohl entströmen beide einer Quelle, jedoch ist das eine geistig und wird der Seele gereicht, und das andere ist verdichteter Stoff, Materie, und wird dem physischen Körper gegeben. Was der große Geist, Gott, den Menschen für ihren physischen Körper schenkt, bedarf menschlicher Arbeit; z.B. muss gesät, bestellt, geerntet und aufbereitet werden. Dafür soll der Mensch auch vom Menschen entlohnt werden.

In das Reich Gottes wird nur der aufgenommen werden, der alles aus Liebe zu Gott und den Menschen tut.

Baue auf den Felsen – Christus

Darum, wer diese Meine Worte hört und sie befolgt, den vergleiche Ich mit einem klugen Mann, der sein Haus fest auf einem Felsen baute. Und ein Regen fiel und die Fluten kamen und die Winde bliesen um dieses Haus: und es fiel nicht ein; denn es war auf einen Felsen gegründet.

Und wer diese Meine Worte hört und sie nicht befolgt, der sei mit einem törichten Mann verglichen, der sein Haus auf Sand baute. Und ein Regen fiel und die Fluten kamen und die Winde bliesen und stießen an das Haus, und es fiel ein, und groß war sein Sturz. Aber eine Stadt, welche fest gebaut ist, ummauert in einem

Kreis fest oder auf dem Gipfel eines Berges und auf einen Felsen gegründet, kann niemals fallen noch verborgen sein.

Und es geschah, dass Jesus diese Rede vollendet hatte, erstaunte das Volk über Seine Lehre. Denn Er sprach Kopf und Herz an, wenn Er lehrte und redete nicht wie die Schriftgelehrten, die nur von Amtes wegen lehrten. (Kap. 27, 11-13)

Christus erklärt, berichtigt und vertieft das Wort:

Wer Meine Worte hört und befolgt, der entwickelt sein geistiges Leben. Er gründet sein Leben auf Mich, den Felsen. Dann wird er auch jeglichen Stürmen und Fluten standhalten. Nach diesem Erdenleben wird seine Seele bewusst in das geistige Leben eingehen und dort kein Fremdling sein, weil der Mensch schon auf Erden im Reiche des Inneren gelebt hat.

Der Prophetische Geist ist das Feuer in dem Propheten und in allen Erleuchteten. Gott sprach und spricht durch sie nicht wie jene, „die nur von Amtes wegen lehrten". Die Propheten und Erleuchteten sprachen und sprechen aus der Vollmacht des Ewigen, des redenden Gottes, ob es die Menschen wahrhaben möchten oder nicht.

Es steht geschrieben: „Er sprach Kopf und Herz an." Was der Intellekt, der Kopf, aufnimmt, das wird von den „Kopfdenkern" beredet und diskutiert. Trotz allem fällt so manch kleiner Same in ihr Herz. Wer das Wort des Lebens mit dem Herzen aufnimmt, der bewegt es auch in seinem Herzen und bringt die gute Saat, das Leben, sofort zum Keimen.

Wer jedoch das Wort Gottes nur mit dem Intellekt erfassen will, der wird später – vielleicht erst nach einigen Schicksalsschlägen – erkennen müssen, was er durch seine Zweifel und durch seinen Verstandesdünkel abgelehnt hat. Er muss erkennen, dass der Same, das Wort Gottes, das aus dem Füllhorn des Lebens durch Propheten und Erleuchtete gegeben wurde, ihm viel erspart hätte.

Für das Leben und Denken der Menschen der Neuen Zeit im Friedensreich Jesu Christi wird Maßstab sein, wie Ich als Jesus von Nazareth gedacht, gelehrt und gelebt habe. Auf diese Weise Bin Ich ihnen sehr nahe. Sie werden Mich im Geiste als ihren Bruder begrüßen und Mich als Herrscher des Reiches Gottes auf Erden an- und aufnehmen.

Die Zwölf Gebote Jesu

Die Bibel der sogenannten Christenheit enthält die Zehn Gebote Gottes, die Mose der Menschheit brachte, und auch Teile der Lehre Jesu von Nazareth.

Christus hat jetzt durch das Prophetische Wort alle wesentlichen Aspekte Seines Erdenlebens und Seiner Lehre dargelegt, die weit über den Inhalt der Bibel hinausgehen.

Die nachstehenden Zwölf Gebote hat Jesus von Nazareth bereits vor zweitausend Jahren der Menschheit gegeben.

Es sind die Gebote für das werdende Friedensreich auf dieser Erde. Sie sind eine Fortführung der Zehn Gebote Mose durch Christus, den Sohn Gottes, den Erlöser aller Menschen und Seelen.

Und Jesus sprach zu ihnen: „Siehe, Ich gebe euch ein neues Gesetz, welches aber nicht neu ist, sondern alt. Ebenso wie Moses die Zehn Gebote gab dem Volk Israel dem Fleische nach, so will Ich euch die zwölf Gebote geben für das Reich Israel dem Heiligen Geiste nach.

Wer ist dieses Israel Gottes? Alle aus jedem Volk und jedem Stamme, welche Gerechtigkeit üben, Liebe und Barmherzigkeit und Meine Gebote befolgen, diese sind das wahre Israel Gottes."

Und sich erhebend, sprach Jesus:

„Höre, o Israel, Jehova, dein Gott, ist der Eine. Ich habe viele Seher und Propheten. In Mir leben und bewegen sich alle und haben ihr Dasein.

Ihr sollt nicht das Leben nehmen irgendeinem Geschöpfe aus Vergnügen oder zu eurem Vorteil, noch es quälen.

Ihr sollt nicht das Gut eines anderen stehlen, auch nicht für euch selbst Länder und Reichtümer sammeln, mehr, als ihr bedürfet.

Ihr sollt nicht das Fleisch essen noch das Blut eines getöteten Geschöpfes trinken, noch etwas anderes, welches Schaden eurer Gesundheit oder eurem Bewusstsein bringt.

Ihr sollt keine unreinen Ehen schließen, wo keine Liebe und Reinheit sind, noch euch selbst verderben oder irgendein Geschöpf, das von dem Heiligen rein geschaffen worden ist.

Ihr sollt kein falsches Zeugnis geben gegen euren Nächsten, noch willentlich jemand täuschen durch eine Lüge, um ihm zu schaden.

Ihr sollt niemandem tun, was ihr nicht wollt, dass man euch tue.

Ihr sollt anbeten den Einen, den Vater im Himmel, von dem alles kommt, und ehren Seinen heiligen Namen.

Ihr sollt ehren eure Väter und Mütter, welche für euch sorgen, ebenso alle gerechten Lehrer.*

Ihr sollt lieben und beschützen die Schwachen und Unterdrückten und alle Geschöpfe, welche Unrecht erleiden.

Ihr sollt mit euren Händen alles erarbeiten, was gut und geboten ist. So sollt ihr essen die Früchte der Erde, auf dass ihr lange lebt in dem Land.

Ihr sollt euch reinigen alle Tage und am siebenten Tage ausruhen von eurer Arbeit und den Sabbat und die Feste eures Gottes heilig halten.

Ihr sollt den anderen das tun, was ihr wollt, das man euch tue.“

---

* Christus offenbarte: „ehren“ bedeutet hier so viel wie „achten“.

Lesen Sie auch ...

Das ist Mein Wort

A und Ω

Das Evangelium Jesu

Die Christus-Offenbarung, welche inzwischen die wahren Christen in aller Welt kennen

Aufbauend auf dem „Evangelium Jesu“, einem bestehenden außerbiblischen Evangeliumstext, offenbarte Christus selbst – erklärend, berichtigend und vertiefend – durch Gabriele, die Prophetin und Botschafterin des Ewigen Reiches, die Tatsachen über Sein Leben und Seine Lehre als Jesus von Nazareth.

Aus dem Inhalt: Kindheit und Jugend Jesu • Die Verfälschung der Lehre des Jesus von Nazareth in den vergangenen 2000 Jahren • Sinn und Zweck des Erdenlebens • Jesus lehrte über das Gesetz von Ursache und Wirkung • Voraussetzungen für die Heilung des Leibes • Jesus lehrt über die Ehe • Die Bergpredigt • Vom Wesen Gottes • Gott zürnt und straft nicht • Die Lehre der „ewigen Verdammnis“ ist eine Verhöhnung Gottes • Jesus entlarvt Schriftgelehrte und Pharisäer als Heuchler • Jesus liebte die Tiere und setzte sich immer für sie ein • Über Tod, Reinkarnation und Leben • Die wahre Bedeutung der Erlösertat Christi ... und vieles andere mehr.

1080 S., geb., Halbleinen. Inkl. Audio-CD
mit dem Ewigen Wort aus dem Reich Gottes:
„Der Ruf des Christus Gottes“ und „Die Erscheinung“,
gegeben durch Gabriele.
ISBN 978-3-89201-960-2

Auch als E-Book

Taschenbuchausgabe, ohne CD: 1051 S., kart.
ISBN 978-3-96446-275-6

Die großen kosmischen Lehren des Jesus von Nazareth an Seine Apostel und Jünger, die es fassen konnten

Mit Erläuterungen von Gabriele

Was Jesus von Nazareth vor 2000 Jahren im inneren Kreis Seiner Apostel und Jünger lehrte, ist heute erstmals allen Menschen zugänglich. Es ist das Gesetz des Allerhöchsten, das uns die kosmischen Zusammenhänge allen Lebens begreifen lässt und uns wieder mit unserem Ursprung als Söhne und Töchter Gottes vertraut macht, offenbart durch Gabriele, die Prophetin und Botschafterin Gottes. Darüber hinaus lesen wir dazu viele Erläuterungen von Gabriele, die uns helfen, die kosmischen Lehren in unserem Leben anzuwenden.

896 S., geb., Halbleinen, ISBN 978-3-89201-585-7

Auch als E-Book

Ein Frauenleben im Dienste des Ewigen

Mein Weg als Lehrprophetin und Botschafterin Gottes in dieser Zeitenwende

Gabriele

Seit nahezu 50 Jahren dient Gabriele Gott, dem Ewigen, als Seine Lehrprophetin und Botschafterin.
In ihren autobiographischen Schilderungen gibt uns Gabriele einen lebendigen Einblick in ihren Werdegang als Mensch und ihre Berufung zur Prophetin Gottes, und was es bedeutet, in unserer Zeit Sein Wort, Seine Liebe und Weisheit auf die Erde zu bringen.

212 S., geb., Halbleinen.
ISBN 978-3-89201-799-8

Fragen Sie nach weiteren Büchern im Miniformat.
Gerne übersenden wir Ihnen auch unser aktuelles Gesamtverzeichnis sowie Leseproben zu verschiedenen Themen.

Gabriele-Verlag Das Wort GmbH
Max-Braun-Str. 2, 97828 Marktheidenfeld
Tel. 0049 (0)9391/504135
www.gabriele-verlag.com